中国人的谋略之道

李元秀——编著

图书在版编目（CIP）数据

中国人的谋略之道 / 李元秀编著 . -- 北京 : 东方出版社 , 2025.2. -- ISBN 978-7-5207-4084-5

Ⅰ . C934-49

中国国家版本馆 CIP 数据核字第 2024KU4881 号

中国人的谋略之道

编　　著：	李元秀
责任编辑：	高琛倩
出　　版：	东方出版社
发　　行：	人民东方出版传媒有限公司
地　　址：	北京市东城区朝阳门内大街 166 号
邮　　编：	100010
印　　刷：	香河县宏润印刷有限公司
版　　次：	2025 年 2 月第 1 版
印　　次：	2025 年 2 月第 1 次印刷
开　　本：	710 毫米 ×1000 毫米　1/16
印　　张：	12
字　　数：	221 千字
书　　号：	ISBN 978-7-5207-4084-5
定　　价：	68.00 元

发行电话：（010）85924663　85924644　85924641

版权所有，违者必究

如有印装质量问题，我社负责调换，请拨打电话：（010）85924602　85924603

前　言

中国人有智慧，几千年的历史见证了中华民族在思辨和筹谋方面的卓越才智。无论是古代的帝王将相，还是普通百姓，无不借助智谋去思考、计划、策划，以实现自己的目标，从治国理政到个人生活，智谋无处不在。

作为有着五千多年光辉灿烂历史的文明古国，我们中国人历来推崇谋略的作用。三千多年的中国政治史涌现了一大批富有谋略之人的传奇事迹，数千年来为人们所传诵。

谋略不是公式，也不是教训，更不是放之四海而皆准的真理。但它是智慧之光，是人类宝贵的智力遗产。一个说客有时胜于十万大军；一封书信有时胜过一部专著；一条妙计，可以赢得一场战争；一番谋划，可以拯救一个国家；一计良策，可以成就一项事业；一番心机，可以反败为胜，化险为夷。从古至今，无论帝王将相，还是凡夫俗子，无不倚重谋略，用心、斗智、出奇、弄巧，去达到预定目标。大到一个国家、一个民族，为了求生存，争发展，必须运用谋略；小到个人的为人处世、工作生活以及谋取成功之道，都离不开学习、研究和运用谋略。

运用谋略的技巧有很多种。思维敏捷的人，他有灵气，不会在问题突然到来时感到困窘，因为事情的变化是我们预料不到的，只有凭借过人的机敏，才能躲避灾祸，获取利益，成就事业，这是一种运用谋略的技巧。

目光敏锐、明辨是非，又观察入微、洞察事理，这就是"明察并举"，也是一种运用谋略的技巧。因为目光不敏锐，就不能观察入微，更谈不上洞察事理。相反，能够洞察真相，便可自如地处理一切，可以称得上精于谋略。

与人共处于世，对不同的人要采取不同的方法，更是一种运用谋略的技巧。要顺应时势，依情况所需去做事，既能做到明智审慎，又能掌握最为实用的处世艺术，从而成为人际场上最精明的操控者。做到这一点，也可算真正掌握了谋略。

本书在有限的篇幅内，本着实用的目的，从中国古人运用谋略的技巧这一独特视角入手，精心选择了让无数中外政治家、军事家及企业家玩味无穷、思绪万千的经典谋略故事。本书内容丰富多彩，选取的故事妙趣横生，我们可以从中看到中国古人如何振兴国家、统军作战，如何克敌制胜、赢得生存，如何不失机动灵活地施展手段，顾全大局。

一则则饱含前人智慧谋略的故事，汇聚成见微知著、借古鉴今的智库，旨在让读者不仅能徜徉在丰富多彩、妙趣横生的谋略故事中，还能有深刻的领悟和启迪，从而在现实生活中，做出更富有智慧的决断。希望本书不仅能成为读者增长谋略的参考书，更能成为读者在实践中运用谋略解决具体问题的工具书。

编　者

目 录

第一章 用人卷 001

燕昭王招贤才 001

萧何夜追韩信 003

三顾茅庐求贤人 006

礼贤下士 009

楚庄王绝缨宴 011

谏逐客书 012

大丈夫既往不咎 014

不计私怨大可汗 016

重贤用人的胸襟 019

用人勿疑 021

宋太祖放权 023

鸡鸣狗盗 025

知人善任 027

善用者用其所长 029

第二章 处世卷 031

负荆请罪 031

晏子的智慧 034

汉高祖封侯雍齿 036

张嘉言智平兵变 038

胡林翼屈尊祝寿	040
范蠡急流勇退	042
李泌归隐山林	044
功成身退婉拒为相	046
假托神道明哲保身	048
杨修之死	050
专横跋扈的代价	052
毛遂自荐	054
惊弓之鸟	057
沽名钓誉	059
摔琴求功名	062
男儿当自强	064
丞相问牛喘	067
机智救父	070
谨小慎微的吴越王	072

第三章　权谋卷　075

楚庄王的为政之道	075
商鞅立木取信	079
汉文帝远周勃	081
明太祖巧计立威	083
孔明挥泪斩马谡	086
赵绰依法办事	089
隋文帝惩子	091
许孟容执法办案	093
刘邦用计擒韩信	095
武则天计除权臣	098
宋太祖杯酒释兵权	102

智擒鳌拜	104
密探控群臣	107
秦穆公担当揽过	109
安民心约法三章	112
天王化腐朽为神奇	114
一日三谏君	116
齐威王纳谏	118
设迷局戏谏皇帝	120
巧谏言惩宦官	122
孝文帝有胆有识	124
楚汉相争鸿门宴	127
佯醉指画离间计	130
欲擒故纵手段高	132

第四章 军事卷　　134

巧用辱骂破城门	134
将军单骑巧退敌	137
陈平妙用离间计	140
用巧计破吴军	142
巧施反间计除劲敌	144
退三舍避锋锐	146
陆逊先纵后取	149
诸葛亮七擒孟获	151
石勒欲擒故纵	154
减灶杀庞涓	156
出奇制胜入主关中	158
以虚说虚之计	160
巧布疑兵退敌军	162

孔明巧布空城计	164
破釜沉舟	168
背水一战	170
撤围诱敌	172
诈死诱曹	174
诸葛斗司马	177
周亚夫严明军纪——忠于职守，威信自立	181
胡服骑射	183

第一章 用人卷

在古代兵法谋略故事中，统率军队之人刚上任的时候，往往会拿军中的刺头来立威，让刺头服服帖帖，其他人自然会心服口服，这个时候再施恩，收买人心的目的就达到了。《素书》中说，"爱人深者求贤急，乐得贤者养人厚"。凡是能成大事的人，往往都善于用人。很多史实也说明，用人得当是一个人成大事的关键。本章细数了历史上赢家的用人谋略和智慧，点出了用人的精华要点，让读者掌握较完备的用人策略。

燕昭王招贤才

燕昭王登上王位后的一天，他去请教老臣郭隗，说："齐国在我国内乱的时候，突然袭击我们。我知道要想报仇，以我们的国力很难办到。广纳天下士人和他们一同建设国家，洗雪先王的耻辱，这是我的愿望。请问应该怎么办？"

郭隗回答说："一般来说，成就帝业的人与老师相处，成就王业的人与朋友相处，成就霸业的人与臣子相处，亡国之君只能同仆役小人相处。屈己之意以侍奉贤者，恭敬地接受教导，那么才能超过自己百倍的人就会来；奔走在人前，休息在人后，自己最先向贤者求教，最后一个停止发问，那么才能超过自己十倍的人就会来；见面时，别人有礼貌地快步迎上来，自己也有礼貌地快步迎上去，那么和自己能力相仿的人就会来；倚着几案，拿着手杖，斜视并用手示意别人去做事，那么服杂役的仆人就会来。如果君主对人粗暴凶狠，随意打骂践踏，那么只有刑徒和奴隶会在他身边。这就是自古实行正道求得人才的方法。大王如果广泛选拔国内的贤者，并且登门拜访，天下的贤者便会急速到燕国来。"

燕昭王说："这话很对，可我拜访谁才合适呢？"

郭隗先生道："我听说古时的一位国君，想用千金求购千里马，三年也没买到。打扫宫廷卫生的人对他说：'请允许我去寻求它。'国君派他去了。三个月后他寻得千里马，不想那马已死，于是他就用五百金买了死马的骨头，返回去把此事回报国君。国君大怒，责问道：'我要你买的是活马，你怎么花五百金去买一匹死马呢？'这个人答道：'死马花五百金购买，何况活马呢？天下必定认为大王您是能出高价买马的人，千里马很快就会来了。'于是不到一年，来了好几匹千里马。大王果真想要招揽贤士，那就先从我开始吧！人们看到我被您尊奉了，那些胜过我的人难道会嫌路远而不来燕国吗？"

于是昭王听从了郭隗的话，为郭隗专门建造房屋，并让郭隗做自己的老师。一时间，人才争相奔向燕国，名将乐毅从魏国赶来，邹衍从齐国赶来，剧辛从赵国赶来。燕昭王悼念死者，慰问活着的人，与百姓同甘共苦，很快就赢得了民心。

燕昭王二十八年（前284），燕国殷实富足，士兵们生活安乐舒适，不怕打仗。于是昭王就任命乐毅为上将军，与赵、楚、韩、魏四国联合攻打齐国。齐军大败，齐湣王外逃。燕军独自追赶败退的齐军，深入到临淄，掠尽齐国的财宝，烧毁齐国的宫殿和宗庙，差点儿一举灭了齐国。

谋略感悟

郭隗通过五百金买马骨的故事，告诉燕昭王要视金银为粪土，厚遇天下的人才。在现代社会，一个企业的长远发展也依赖于庞大的人才队伍，要有人尽其才的工作环境。

萧何夜追韩信

项羽进入咸阳后，由于秦王朝素日横征暴敛，项羽的五十多万兵士见了豪华的阿房宫，不由分说就放起火来。大火烧了三个月，阿房宫被烧成了一堆灰烬。子婴和秦国贵族八百多人也被项羽杀了。

消灭了秦王朝以后，项羽尊楚怀王为义帝，表面上承认他是帝，实际上所有事情都由项羽说了算。项羽原先在楚国时也是贵族，他将六国旧贵族和有功的将领一共封了十八个诸侯，自称"西楚霸王"，所有诸侯都由他指挥。

分封诸侯之后，各国诸侯非常满意，分别带着军队回到了自己的封地，项羽也回到他的西楚国的都城——彭城。

在十八个诸侯中，项羽最担心的就是刘邦。项羽将刘邦封在偏远的巴蜀和汉中，称为汉王，又把秦国的三名降将章邯等人封在关中地区，以阻挡刘邦，让他出不来。

刘邦对自己得到的封地也是很不满意，但是他自知难以和项羽对抗，便带着人马到南郑去。到了南郑，刘邦以萧何为丞相，曹参、樊哙、周勃等为将军，休养生息，准备他日再和项羽争天下。但是，刘邦手下的兵士远离故乡，个个思乡心切，每天都有人逃走。

有一天，忽然有人来报告："丞相逃走了。"刘邦一阵眩晕，像被人家斩掉了左右手。到了第三天早晨，萧何才回来。刘邦见了他，又生气又高兴，责问萧何说："你为何也要逃走？"

萧何说："我怎么会逃走呢？我是去追逃走的人呀。"

刘邦又问他："你追谁呢？"

萧何说："韩信。"

韩信是淮阴人，项梁起兵以后，有一次路过淮阴，韩信就加入了项梁的队伍，在军队里当个小兵。项梁后来战败，他又跟了项羽。项羽见他比一般兵士强，就让他做了小军官。

韩信此后向项羽献了好几次计策，项羽都没有采用。韩信失望之余，又投奔刘邦，不过，在那里他也仅仅当了个小官。有一次，韩信因为犯了法要被抓起来砍头，他刚好看到刘邦的一个将军夏侯婴经过，韩信就高声呼喊："汉王难道不想打天下了吗，为什么要斩杀壮士？"

夏侯婴看韩信身材魁梧，相貌堂堂，便救下了他，还向刘邦推荐了他，刘邦给了韩信一个管粮食的官。

后来，丞相萧何见到了韩信，跟他谈过几次，觉得他很有才干，三番五次向刘邦建议重用韩信，可是刘邦没有听从他的建议。韩信觉得刘邦也不会重用他，便找个机会开溜。

萧何知道韩信逃走了，来不及告诉刘邦，立刻骑上快马亲自追赶过去。两天后，终于把韩信找了回来。刘邦听说了此事，气急败坏地说："逃走的将军有十来个，你都没找过，你说你去追韩信了，是不是在撒谎？"

萧何说："那些逃走的将军容易找得很，但是像韩信这样的人才，天底下找不出第二个来。大王如果只想做个汉王，那就用不到韩信；可是你要准备打天下，除了他没人再可以商议大计了。这就看大王您想怎么样了？"

刘邦说："我也打算回东边去啊。哪能老闷在这个鬼地方啊？"

萧何说："大王如果决计打回东边去，就赶快重用韩信，他就会留下来；假如不重用他，那么，他终究还是要跑掉的。"

刘邦说："好吧，我就看你的面子，让他做个将军。"

萧何说："即使让他做将军，韩信还是不会留下来。"

刘邦说："那就拜他为大将吧！"

听了刘邦的话，萧何十分高兴地说："大王英明。"

于是，刘邦叫萧何去把韩信找来，想立刻拜他为大将。萧何郑重地说："拜大将可是件大事，大王万万不能草草了事。大王如果诚心拜他做大将，就该选个好日子，自己事先斋戒，搭起一座高坛，按照任命大将的仪式办理，那才行啊！"

刘邦同意了。

一时之间，汉营沸沸扬扬，大家都知道刘邦要择日子拜大将啦！几个跟随刘邦多年的将军都兴奋得睡不着觉，认为这次一定是选自己做大将。

等到正式拜大将那天，大家才知道刘邦拜的大将竟是韩信，一下子都愣了。

举行拜将仪式后，刘邦再次接见韩信，说："丞相多次推荐将军，将军一定有好计策，还请将军指教。"

韩信谢过刘邦，向刘邦分析了楚汉双方的条件，认为刘邦一定能够打败项羽。刘邦越听越高兴，庆幸自己得了韩信这样的人才。

后来，韩信替刘邦操练兵马，东征西战，最终辅佐刘邦建立了大汉帝国。

谋略感悟

《易经》中说："二人同心，其利断金。"一个人的力量毕竟有限，只有与不同的人合作，集合各种人的能力，才能拥抱成功。萧何深深地了解这一点，所以他火急火燎地月下追韩信，被后世传为重视人才的千古美谈。

三顾茅庐求贤人

刘备逃到荆州刘表处,被派到新野驻守,作为北面第一道防线抵御曹操大军。

刘备在荆州的几年,刘表都把他当上等宾客对待。但是刘备雄心勃勃,远大抱负一直没能实现,常常感到十分落寞。

有一天,刘备摸到自己大腿,心里特别有感触,不禁流下了泪水。此举被刘表发现了,刘表就问他为什么那么伤心。

刘备说:"也没什么!以前我经常打仗,每天都在马背上,因此大腿上的肉十分结实,现在居然这么肥。看现在日子流水似的一天天过去,我却在这儿过着清闲的生活,一事无成,想起来真让人难过。"

刘表好言安慰了他一番。但是刘备心里总在打算长远的事情,想寻找个事业上的好助手。

刘备听说襄阳有个叫司马徽的名士,就特地去拜访。司马徽十分礼貌地接待了他。

刘备恭敬地对司马徽说:"先生,我是专程来向您请教天下大势的。"

司马徽哈哈大笑,说道:"我是个平凡之人,如何知道天下大势?要想了解天下大势,须有才俊才行啊!"

刘备说:"那么如今要去哪里才能找得到这样的才俊呢?"

司马徽说:"这一带有卧龙、凤雏,您能请到其中一位就可以了。"

司马徽还告诉刘备说:"卧龙乃是诸葛亮,字孔明;凤雏乃是庞统,字士元。"

刘备回到新野,正好有一个读书人来见他。刘备见此人举止大方,料想他不是卧龙,就是凤雏,于是非常热情地接待了他。

经过一番谈话得知,原来这个人也是当地的名士,名叫徐庶,听到刘备正在招贤纳士，特来投奔。

徐庶说："我有个老朋友叫诸葛孔明，大家都称呼他为卧龙，将军是否愿意见见他？"

原来，诸葛亮并不是本地人，他的老家在琅琊郡阳都县。少年的时候，父亲死了。他跟随叔父诸葛玄来到荆州投奔朋友刘表。叔父死后，他就在隆中搭个茅屋，一边耕地种庄稼，一边读书。他年纪不过27岁，却学问渊博，很有见识，朋友们都十分钦佩他，他也常常自比管仲、乐毅。

但是他看到刘表非能用人之人，所以隐居在隆中，过起了隐士的生活。

刘备说："既然您二位如此相好，就请您辛苦一趟把他请到我这里来吧！"

徐庶摇摇头，说："这哪行呢？卧龙乃天底下一等一的人才，将军定得亲自去请他，才算有诚意。"

刘备心想司马徽、徐庶都这么推重诸葛亮，诸葛亮必非等闲之辈。于是，就带着关羽、张飞，前去拜访诸葛亮。

可是，一行人却扑了个空，诸葛亮这天恰巧出去办事了，刘备只得失望地回去。

不久，三人冒着大风雪第二次去请。不料诸葛亮又出外闲游去了。张飞本不愿意来，见诸葛亮不在家，就催着要回去。

刘备看等不得，只好留下一封信，表达自己对诸葛亮的敬佩之情和想请他出来帮助自己挽救国家危险局面的意愿。

过了一段时间，刘备准备再去请诸葛亮。关羽和张飞很不高兴，直犯嘀咕。他们怪刘备把诸葛亮看得太高了，诸葛亮一定不会有多大的能耐。关羽就对刘备说："我看诸葛亮也许是徒有虚名，未必有真才实学，不用去了。"张飞也说："何必三个人都去，不如我一个人去，用绳子把他捆来。"刘备把张飞责备了一顿，第三次去请诸葛亮。

当他们来到诸葛亮家时，已经是中午，这次诸葛亮在家，可正在睡觉。刘备不敢惊动他，一直等到诸葛亮醒来，才叩门拜见。

诸葛亮感受到了刘备的诚意，他在自己的草屋里接待了刘备。刘备坦率地说："汉室如今衰微，大权旁落。我能力虽然差，但很想挽回局面，但我没有什么好办法，因此想请先生指点。"

刘备如此虚心，诸葛亮也就推心置腹地谈了自己的主张。诸葛亮说："曹操战胜袁绍，现在已经拥有一百万兵力，并且又挟持着天子。如果光凭武力和他争胜负就难保胜算了。孙权三代都占据江东一带，那里地势险要，老百姓又归附他，并且还有有才能的人辅佐他，我们对他也只能联合，不能图谋。"

接着，诸葛亮分析说，荆州是一个军事要地，但刘表是肯定守不住的。益州土地向来被称为"天府之国"，可那里的主人刘璋不能成事。诸葛亮又说："如果您可以占领荆、益两州，对外联合孙权，对内发展经济。将来有了机会，就可以从荆州、益州两路攻击曹操。将军您是皇室的后代，有谁不欢迎您的到来呢？如此，功业可以成就，汉室也有指望恢复了。"

刘备听着，心里十分佩服诸葛亮，于是真心邀请诸葛亮下山："先生一席话真是让我茅塞顿开，我一定会照着这些想法干。现在就请您跟我一起下山吧！"

后来，诸葛亮辅佐了刘备，成为建立蜀汉江山的得力助手。

谋略感悟

刘备为了得到诸葛亮的辅佐，不惜三顾茅庐。正因为他有求贤才的诚心和容人才的气度，才得到了诸葛亮这样的人才。可见，要真想求得贤才干出大事来，一定要放低身段，因为只有这样，才能得到真正的人才。

礼贤下士

战国初期，魏国国土范围很小，国民也少得可怜。然而，魏文侯知道国家强大的关键是人才。

子夏是孔子的学生，世人都说他是个人才。为了能够经常学习治国之道，魏文侯亲自前去拜他为师。子夏被魏文侯的诚意深深地打动了，便不辞劳苦把家搬到了魏国西河。子夏有培养人才的能力，他培养的学生很多都是经国济世之才。因此，他到了西河后，人们对他十分景仰，很多士人纷纷追随他来到西河。魏国从此人才会聚，学风浓厚。

魏文侯多次向子夏请教经书和礼乐知识，他虽身为国君，但态度十分恭敬，子夏也毫无保留地向他传授为君之道，分析古乐与今乐，劝其躬行尧舜之治，施行仁政爱民，改变自己的坏习惯……魏文侯一一听从子夏的劝告。

段干木不仅有高尚的品行，学识也很渊博。魏文侯赐他官做，但段干木根本不感兴趣。魏文侯亲自上门邀请，段干木实在不愿意做官，就翻墙逃跑了，魏文侯因此更加敬重他。为了表达敬意，就连经过段干木草房的时候，也要扶着车前的横木。魏文侯的侍从对此很不理解，魏文侯说："段干木面对权势也不改变自己的节操，这是君子之道；隐居于贫穷的里巷，却贤名远播，我怎敢不对他表示敬意呢？我们同样都荣耀，可他是因为有德行，而我是因为有土地；他拥有'义'，我拥有'财'。两相比较，地不如德，财不如义。我要向他学习啊！"后来经过再三求见，段干木才终于与魏文侯见面。魏文侯听他讲课，不管过了多长时间，都一直全神贯注。

此外，魏文侯还把颇负盛名的田子方也请到魏国来。一次，魏文侯邀田子方饮宴。席间乐人奏出的钟乐左边音高，右边音低。魏文侯发现了，严厉地申斥乐师们。田子方不以为然，当即批评他不该将心智用在琐碎之处，并说："现在君王您对声乐这些琐事这么仔细，我担心您在朝廷之上对大臣的意见就不会这么认真了啊！"魏文侯听后，虚心地接受了田子方的意见。魏文侯之子也经常受到田子方的教诲。一次，田子方跟他说："富贵者不得骄人！"他转述给了魏文侯，魏文侯听后十分感叹："如果不结交贤士，我们怎么会听到如此金玉良言！"

魏国人听说魏文侯如此礼贤，很是赞赏。有人编了歌谣歌颂他："我们的国君爱好正直的人，对贤者十分尊敬；我们的国君爱好忠信的人，对待贤者的礼节十分隆重。"

由于魏文侯善用人才，不久，魏国就成为当时最强盛的国家。

秦国曾经想对魏国兴兵，有人这样对秦王说："魏国国君非常尊敬人才，崇德尚礼，所以魏国人才云集。这样的国家，恐怕不是能用武力征服的！"秦国国君觉得有道理，就没有出兵。

谋略感悟

魏文侯对仁人贤士以礼相待，积极吸纳治国济世的思想，并屈己待人、励精图治，终于使国力强盛。同样的道理，唯才是举、礼贤下士，不拒小流以纳百川，是掌舵人必有的胸怀！

楚庄王绝缨宴

在某些时候堵上耳朵，闭上眼睛，装聋作哑，既能掩饰别人的无心之失，也能为自己多交一个生死与共的朋友、多收一个忠心耿耿的部下。

一次，楚庄王平定叛乱后大宴群臣，宠姬妃嫔也统统出席助兴。席间丝竹声响，轻歌曼舞，美酒佳馔，觥筹交错，直到黄昏仍未尽兴。楚庄王乃命点烛夜宴，还特别叫最宠爱的两位美人许姬和麦姬轮流向文臣武将们敬酒。

忽然一阵疾风吹过，宴席上的蜡烛都熄灭了。这时席上一位官员斗胆拉住了许姬的手，拉扯中，许姬撕断衣袖才得以挣脱，并且扯下了那人帽子上的缨带。许姬回到楚庄王面前告状，让楚王点亮蜡烛后查看众人的帽缨，以便找出刚才的无礼之人。

楚庄王听完许姬的话，却传命先不要点燃蜡烛，而是大声说："寡人今日设宴，与诸位务要尽欢而散。现请诸位去掉帽缨，以更加尽兴地饮酒。"

听楚庄王这样说，大家都把帽缨取了下来，这才点上蜡烛，君臣尽兴而散。

席散回宫，许姬怪楚庄王不给她出气。楚庄王说："此次君臣宴饮，旨在狂欢尽兴，融洽君臣关系。酒后失态乃人之常情，若要究其责任，加以责罚，岂不大煞风景？"

许姬这才明白楚庄王的用意。这就是历史上有名的"绝缨宴"。

七年后，楚庄王伐郑。一名战将主动率部下先行开路。这员战将所到之处拼力死战，大败敌军，直杀到郑国国都。

战后楚庄王论功行赏，才知这员战将叫唐狡。唐狡表示不要赏赐，坦承七年前宴会上的无礼之人就是自己，今日此举全为报七年前楚庄王的不究之恩。楚庄王听后大为感叹，便把许姬赐给了他。

楚庄王这一招真是厉害，救了自己的命。如此雄才大略之人，后来果然成了霸主。

谏逐客书

战国末期，秦国虽然在邯郸打了一次败仗，但是它的实力还很强大。公元前 256 年，秦国再次进攻韩、赵两国，打了胜仗。后来，秦国索性把东周王朝也灭掉了。秦昭襄王死后，他的孙子秦庄襄王即位不到三年也死了，年仅 13 岁的太子嬴政即位。

当时，秦国的朝政大权掌握在相国吕不韦手里。吕不韦原是阳翟（今河南禹州市）地方的一个富商，由于帮助秦庄襄王取得了王位而当上了相国。吕不韦成为相国之后，也学起孟尝君的样子，收留了大批门客。

战国时期有许多学派，纷纷著书立说，这种情况在历史上被称作"百家争鸣"。吕不韦自己不会写书，于是，他就组织他的门客一起编写了一部书，名曰《吕氏春秋》。《吕氏春秋》写成之后，吕不韦派人把它挂在咸阳城门上，还发布告示，说谁能够对这部书提出意见，不论添个字或者删掉个字，都赏金千两。如此一来，吕不韦的名气就更大了。

秦王嬴政年纪渐渐大起来，在他 22 岁那年，宫里发生了一起叛乱，牵连到吕不韦。秦王嬴政觉得留着吕不韦碍事，就免了吕不韦的职。但后来，秦王嬴政发现吕不韦势力太大，就逼他自杀。

吕不韦一倒台，秦国一些贵族、大臣就议论起来，说列国的人跑到秦国来，都是为他们本国打算，有的还说，说不定这些人就是来秦国当间谍的。于是，他们纷纷请秦王嬴政把客卿统统撵出秦国。

秦王嬴政接受了这个意见，就下了一道逐客令——大小官员，凡不是秦国人的，都得离开秦国。

有个楚国来的客卿李斯，原是著名儒家学派代表人物荀况的学生。李斯来到秦国，被吕不韦留下当了客卿。这一次，李斯也到了被驱逐的份儿，心里很不服气。离开咸阳的时候，李斯上了一道奏章给秦王。

李斯在奏章上说:"从前秦穆公用了百里奚、蹇叔,当了霸主;秦孝公用了商鞅,变法图强;惠文王用了张仪,解除了六国联盟;昭襄王有了范雎,提高了朝廷的威望。这四位君主,都是依靠客卿建立了功业。现在到了大王手里,却撵走所有外来的人才,这难道不是在帮助敌国增强实力吗?"

秦王嬴政觉得李斯的话很有道理,就连忙派人把李斯从半路上找回来,恢复他的官职,并取消了逐客令。

谋略感悟

李斯向秦王呈《谏逐客书》,不仅化险为夷,还保住了自己的官职。古语云:"海不辞水,故能成其大;山不辞土,故能成其高;明主不厌人,故能成其众。"这是一种处世待人之道,更是一种求知发展之道。

大丈夫既往不咎

秦朝时的一天，在淮阴（今江苏省淮安市淮阴区）的一条大街上，一群人围成一圈，热闹非凡。场子中央，一个年轻的屠夫冲一个身上佩剑的青年人嚷嚷："韩信，别看你长得很高，天天带着剑到处走，其实你是个胆小鬼，带着剑不过是为了给自己壮胆而已！"

韩信盯着他看，没有出声。

年轻的屠夫更来劲了，讥笑他："韩信，你要是不怕死，就用你的佩剑来刺我；要是怕死，就从我的裤裆下钻过去！"说着，他就把双脚叉开，周围人一阵起哄。

韩信面无表情地站着，想了想，慢慢地俯下身去，低着头从他的裤裆下钻了过去。"哈哈哈……"人群中爆发出得意和嘲讽的笑声，所有人都对着韩信指指点点，满脸不屑。韩信却不发一言，沉默地穿过人群走了。

若干年后的一天，已不再年轻的屠夫经过淮阴城的某条街，忽然看到对面驰来几辆华丽的马车，其中一辆竟然在他面前慢慢停下了。人们说这里面坐的是一位名震天下的大将军，屠夫不禁紧张起来，当他看到车里面走出来的面孔时，一下子面色惨白。

这位大将军不是别人，正是当年被他欺侮的、从他裤裆下钻过去的韩信！人家如今是衣锦还乡，威风八面、权贵一方。而自己还是一介屠夫，无权无势。要是大将军记着当年之气，想报复的话，自己肯定会死得特别惨。想到这儿，屠夫不禁有些发抖，都不敢抬起头来。

韩信看着害怕得快支撑不住的屠夫，故意不作声，过了好一会儿才开口："我认识你，你的胆子不小啊，是个勇敢的人，我封你当巡城捕盗的武官吧！"啊？屠夫愣了，以为自己耳朵出问题了，直到有人给他送来了官服，他才醒过神来。

事后，有人问韩信，不羞辱这个屠夫就已经够好的了，为什么还要给这种人赐官呢？

韩信解释道："他羞辱我时，我真想拔出剑来一剑杀了他。但是，我的志向不在于此，杀人要偿命，为了一时之气毁了我的远大理想和成就功业的机会，不划算。忍受一下暂时的胯下之辱又有什么关系呢？至于现在为何要封他为官，这是为了让天下人看见，我对如此侮辱过我的人都这样宽大为怀，既往不咎，那些过去与我有矛盾的人就会放下心来，从而减少对我的敌意。"

谋略感悟

人与人相处，难免会产生摩擦，最重要的是看你有没有既往不咎、不计前嫌的度量。如果和别人闹点儿别扭，就寻机报仇，其实那不是在给别人难堪，而是在给自己制造麻烦。唯有宽容的人才能成就大事业。

不计私怨大可汗

12世纪中叶，中国北方草原地区崛起了一个强大的游牧民族——蒙古族。蒙古族的崛起，应归功于其著名领袖铁木真（1162～1227），也就是后来的成吉思汗。成吉思汗依靠军事手段先后统一了蒙古各部，征服了漠北草原，又把势力扩大到中亚、东欧等地区，建立了一个横跨欧亚、总面积超过2200万平方千米的大帝国。成吉思汗胸襟开阔，有雄才大略，善于用人。尤其是用人不计私怨，令人称道。

成吉思汗在早期的统一活动中，曾联合札答阑部首领札木合，但成吉思汗强大的势力渐渐引起了札木合的嫉恨。双方矛盾不断激化，终于爆发了著名的"十三翼之战"。在这次战役中，成吉思汗惨遭失败，但由于札木合的残暴，札木合的一些部众反而投奔了成吉思汗。

1201年，札木合联合泰赤乌等部再次向成吉思汗发动了更为猛烈的进攻。成吉思汗联合克烈部的王罕奋力还击，结果大败札木合及泰赤乌等部。这次战役之后，成吉思汗收降了大批泰赤乌等部的部众。史载"时帝功德日盛，泰赤乌诸部多苦其主非法，见帝宽仁，时赐人以裘马，心悦之。若赤老温、若哲别、若失力哥也不干诸人，若朵郎吉、若札剌儿、若忙兀诸部，皆慕义来降"。由此可见，这些部众的降服，和成吉思汗的宽容仁厚有着很大的关系，这批人归附成吉思汗之后，大多得到了重用，如赤老温，成为蒙古帝国的开国四杰之一，勇将哲别则成为成吉思汗的著名战将。

关于哲别的投附，《蒙古秘史》中有一段记载，充分体现了成吉思汗不计恩怨的用人作风。

在大战的第二天，泰赤乌部一边的锁儿罕·失剌、者别（哲别）来投奔成吉思汗。

成吉思汗说:"(在)阔亦田作互相对峙持械待发之际,从那山岭上(射)来了一支箭,把我那披甲的白口黄马锁子骨射断了,是谁从山上射的?"

者别(哲别)说:"是我从山上射的,如今可汗若要处死我,不过染污手掌大的一块土地;若恩赦我,我愿在可汗面前横渡深水,冲碎坚石,在叫我前去的地方,愿把黑色的磐石给你冲碎。"

成吉思汗说:"凡曾是敌对的,都要把自己所杀的和所敌对的隐藏起来,因惧怕而讳其所为,这个人却把所杀的和所敌对的事,不加隐讳地告诉我,是值得做友伴的人,他的名字叫只儿豁阿歹,因为射断了我那披甲的白口黄马锁子骨,就给他起名叫作者别。"……这是者别(哲别)从泰赤乌部前来,成为可汗伴当的经过。

者别(哲别)后来为成吉思汗南征北战,屡立战功,成为成吉思汗建立蒙古帝国的得力助手。

成吉思汗善于用人、不计私怨的另一个例子是收降塔塔统阿。塔塔统阿"性聪慧,善言论,深通本国文字。乃蛮大扬可汗尊之为傅,掌其金印及钱谷"。成吉思汗西征,消灭乃蛮,塔塔统阿不仅没有投降,反而带着金印逃走了,不久就被擒获。成吉思汗问他说:"大扬人民疆土,全部归我所有,你为何要带着大印离去?"

塔塔统阿毫无惧色地回答:"这乃是臣的职责,因此才死守金印。并没有其他想法!"

当时,按照蒙古人的习惯,凡是不投降的人,格杀勿论。但是成吉思汗并没有下令杀塔塔统阿,甚至对塔塔统阿的誓死不降毫无恼怒之色,反而说:"塔塔统阿真是一个忠孝之人啊!"

随后,成吉思汗还询问塔塔统阿金印有什么用处,塔塔统阿为成吉思汗的大度所感动,对成吉思汗说:"出纳钱谷,委任人才,一切事都要用到金印,以此来作为凭证。"

成吉思汗十分赞赏他的话,遂命他侍奉在自己左右,以后凡有下旨之处,皆用印章,仍命塔塔统阿掌印。就这样,塔塔统阿成了成吉思汗的忠实大臣。

成吉思汗又命他教诸王用畏兀字拼写蒙古语。塔塔统阿死后受赠中奉大夫，并被追封为雁门郡公。

谋略感悟

成吉思汗之所以能够统一漠北草原，建立横跨欧亚的大帝国，不得不说，善于用人是其中一个重要因素。在现代社会，对领导者而言，亦应该心胸宽广，去接纳那些反对过自己的人，并从他们身上汲取优点完善自己。

重贤用人的胸襟

魏文侯是战国时期魏国的建立者，他在位期间，礼贤下士，大胆起用人才，使魏国成为"战国七雄"之一。历史上留下了很多关于魏文侯用人的故事，其中，魏文侯任用乐羊攻打中山国就是有名的一例。

公元前408年，赵献侯死后，赵烈侯继位，中山国的武公趁机对赵国的腹地发动迅猛的攻势。赵国向魏国求救，在以智地作为回报的前提下，魏文侯答应了。

在相国翟璜的举荐下，魏文侯任乐羊为帅，率军前往。但当时，乐羊的儿子乐舒在中山国任职。朝中大臣议论纷纷，觉得乐羊虽然善于打仗，但是为了自己的儿子着想，乐羊不会尽力尽责，这是人之常情。因此，便请求魏文侯再三考虑。但魏文侯不为所动，任令已发，岂能因没有发生之事而临阵换将？

两国交战，中山国果然拿乐羊的儿子乐舒做筹码。一为力量悬殊，二为争取民心，乐羊对中山国采取了围而不攻的策略。一个月过去了，两个月过去了，三个月过去了，战事没有一点进展，魏国的大臣们可坐不住了，纷纷上书说，乐羊通敌叛国，不可相信。

魏文侯却不为所动，反而做了两件让大臣们意想不到的事情。第一件事，他派人到前线去热情、隆重地慰问了军队；第二件事，在国内派工匠为乐羊修建一处豪华住宅，等着他胜利归来。

围困许久，中山君见破敌无望，就杀了乐舒将其做成肉羹，派人送给乐羊品尝，乐羊神色坦然地吃了一口，说："乐舒为昏君做事，理应得到如此下场。"最终，乐羊按自己的计划攻克了中山国的国都，中山君自杀。

消息传回，魏文侯非常高兴，他亲自出城迎接得胜归来的乐羊，大犒三军，并为乐羊办了一个盛大的庆功宴，席中百官都过来祝贺，魏文侯当着大家的面说:"乐羊因为忠心于我,吃了自己儿子的肉。"那些怀疑过他的大臣们都有些不好意思。

受到国君如此隆重且正式的对待,乐羊也有些骄傲之色。宴会后,魏文侯赠送了乐羊两个大箱子,乐羊原本以为是什么金银财宝,回家打开一看,立时惊呆了:里面全是他攻打中山国的时候,大臣们弹劾自己的奏章。乐羊读得冷汗直流。要不是魏文侯对自己有着坚定不移的信任和庇护,自己早就没命了,哪谈什么军功战绩、荣誉封地啊!

谋略感悟

这个故事体现出了魏文侯用人不疑的气魄。魏文侯的重贤思想和用人举措无疑是值得称道和肯定的,即使在今天仍然有借鉴意义。

用人勿疑

东汉末年，天下大乱，诸葛亮避世于隆中，被称为"卧龙"，后为刘备"三顾茅庐"的真诚所感动而出山为其效力；他的哥哥诸葛瑾，则避乱江东，偶遇孙权的妹婿弘咨，后者叹于他的才华而将之推荐给孙权，受到重用。诸葛瑾精通政经、熟悉军略，为人又胸怀宽广、温厚诚信，深得孙权的信赖。他初为长史，后为南郡太守。孙权称帝后，他官至大将军，领豫州牧。

由于吴与蜀是敌对关系，为蜀国效力的诸葛亮是诸葛瑾的亲弟弟，诸葛瑾在吴国的待遇，引起了一些人的嫉妒，他们在民间散播谣言，说诸葛瑾明保孙吴，暗通刘备，是他弟弟诸葛亮派来的奸细。一时之间满城风雨，朝中大臣议论纷纷，时有怀疑之声传出。深知诸葛瑾为人的陆逊为朝中的这种风气颇为不安，他当即上表保奏，声明诸葛瑾心胸坦荡，忠心事吴，根本没有谣言中所说的那样不堪，恳请孙权不要听信谗言，对朝中重臣抱有疑虑。

孙权看后，很是感动。他回陆逊说："子瑜（诸葛瑾）跟我不是一年两年了，我们多年共事，情同手足，他的为人我十分了解。不合道义的事他从不做，不合道义的话他从不说。当年刘备派诸葛亮来咱们东吴的时候，我曾动过心思，就劝他说，为什么不利用自己兄长的身份，趁机把诸葛亮留下来为我所用，然后我再修书一封告诉刘备，想刘备也不会不答应。

"可当时子瑜一口就拒绝了我。他说他的弟弟诸葛亮既然已经归了刘备，就应该效忠于刘备；他既然已经为我所用，就应该效忠于我。君臣之分，道义所属，无论从哪个角度来看，都不能三心二意。他的弟弟是不会留在东吴的，就如同他不会到蜀汉去一样。

"我们君臣之间的这番对话，足以说明他是个什么样的人了，怎么会出现民间流传的暗通敌国之事呢？子瑜是不会背叛我的，我也不会辜负子瑜。你提到的这些奏章我都看过了，我看完就让人当场封起来交给子瑜了，我写了一封亲笔信给子瑜表明我的立场，他很快就回了我，在回信中他对天下君臣大节的论述让我深受感动。可以这么说，我和子瑜真的是情投意合，相知有素，绝非外面那些流言蜚语所能挑拨得了的。我知道你和他是好朋友，对我也是一片真情实意。我会把你的奏表封好，交给子瑜去看，也好让他知道你的一片良苦用心。"

谋略感悟

《孙子兵法》里说道："将能君不御者胜。"就是说将帅有才而君王不直接驾驭的情况下才能取得胜利。用了就要信任，不能听风就是雨，轻易怀疑下属。孙权重用身份特殊的诸葛瑾，不可避免地引起了一些人的嫉妒和诬告，由于君臣之间的无碍沟通和彼此信任，成功避免了一场悲剧。

宋太祖放权

北宋时期，皇权的集中可谓空前。赵匡胤把中央和地方的军、政、财、司法等权力收归中央，还在君相斗争中废除了自古相传的宰相坐而论道的权力，更抬高了皇帝的至尊地位。但是，赵匡胤同时也发现，权收得越紧，皇帝就越累，下边的人就越闲，效果并不是很理想。因此，赵匡胤适当地授予了臣下一部分权力，以求权责分明。

建国之初，赵匡胤让赵普在很长一段时间独掌相权。赵普这个人的确有专权的毛病，但总体上，他能够做到公忠体国，不计个人安危。因此，赵匡胤也有意划清君权和相权的界限，不过多侵犯相权，尊重宰相的意见。

有一次，赵普想安排一个人在某一职位上，可是赵匡胤不信任这个人，不同意赵普的安排。第一次的请求未获批准之后，第二天赵普再次向赵匡胤提出此事，请求批准，赵匡胤依然不同意。令人惊讶的是，赵普居然在第三天，再次提出这件事，向赵匡胤奏请，这次连一向宽宏大量的赵匡胤也忍不住了，非常愤怒，把赵普的奏章撕破扔在地下，不再理会他。赵普却颜色自若，徐徐俯身拾起奏章告退，回家之后他将已经撕破的奏章补缀好，第四天依然向皇帝奏请此事，赵匡胤这时才觉得既然赵普如此力荐此人，那他一定是可用之才，终于同意了赵普的方案。后来发现，这个人果然是个贤才。

还有一次，一位立功者按规定应当升官，但赵匡胤一向不喜欢这个人，就不予批准。赵普却不放弃，屡次请求批准。

赵匡胤发怒道："我就不让他晋升，你能怎么样？"

赵普平静而严肃地说："刑以惩恶，赏以酬功，古今历来如此。何况，刑和赏不是陛下您一人专有的，怎么能以个人的喜怒好恶来决定呢？"

赵匡胤听不进去，转身走了，赵普就跟在后面。赵匡胤进宫，赵普就站在宫门外。最后，赵匡胤还是同意了赵普的意见，让那人升官。

如果说在朝内，因为皇帝和宰相的权力有交集，所以皇帝不愿意过多授权给宰相，那么在前线，皇帝就不得不把战争指挥权授予将领，即"将在外，君命有所不受"，否则，皇帝遥控指挥，少有不失败的。但军权又是皇帝最不放心也最不愿意放出去的，在这个问题上，赵匡胤还是比较清醒的。

征蜀战役结束后，由于前方将领约束不严，造成宋军杀降二万七千人的事件，影响恶劣。赵匡胤为此勃然大怒，胡乱杀人之风一起，将严重影响他下一步和平兼并的工作。在调查工作结束后，赵匡胤集合所有将领，责问他们的罪行，唯独让大将曹彬先退席，说这里没有他的事，但曹彬没有退席，还叩头认罪，说"臣也参与了合议，应接受惩处"。赵匡胤给了他一个面子，暂时原谅了诸将。

不久，赵匡胤派曹彬和潘美征伐江南。赵匡胤特别召见曹彬，要求绝不能再出现征蜀时杀降的事情。

曹彬拿出自己当时反对杀戮的文件。赵匡胤奇怪地问："既然如此，你当时为什么不说清楚？"

曹彬回答："臣和诸将一同被委任，如果诸将获罪，臣独清白，并不稳妥，因此愿意一同认罪。"这不但表明了他重视团体责任，同时也委婉地说明了在委派任务时，只有权责分明才能有效阻止前线的屠杀。

曹彬借此给赵匡胤上了一堂"授权技巧"的教育课。

隔日的廷议上，赵匡胤正式派遣曹彬及潘美为正、副统帅征伐江南，曹彬表示自己能力有限，可能无法完成任务。但身为副帅的潘美，却积极表达自己对征伐江南的信心及意见。

于是赵匡胤正色向曹彬说："所谓大将者，在于能斩越级自作主张的副将而已。"只一句话，把旁边的潘美吓得冷汗直冒，不敢抬头正视赵匡胤。

利用这个简单的廷议，赵匡胤在征伐江南一事上，对统帅的职责作了明确说明，将更加利于其管理部下。

> **谋略感悟**
>
> 宋太祖认为，管人者多热心于抓权揽权，对权力是多多益善。但大权归于一人之后又会出现新的问题：一个人的精力有限，不可能什么都管到，在权力出现真空的地带，怎么办？答案自然是：该放手时还得放手。

鸡鸣狗盗

战国时，齐国的孟尝君（齐国的贵族，名叫田文）喜欢招纳各种人做门客，当时号称其"门下宾客三千"。孟尝君对宾客是来者不拒，有才能的让他们各尽其能，没有才能的也给他们提供食宿。

秦昭襄王为了拆散齐楚联盟，采取了软硬兼施的手段。对楚国他用硬，对齐国他使软。秦昭襄王听说齐国最有势力的大臣是孟尝君，就邀请孟尝君到咸阳来，说是要拜他为丞相。

孟尝君去咸阳的时候，随行带了一大帮门客。秦昭襄王亲自欢迎他，作为见面礼，孟尝君献上一件纯白狐狸皮的袍子作为见面礼。秦昭襄王知道这件白狐皮袍十分名贵，便很高兴地收下了，并将其藏到内库里。

秦昭襄王打算请孟尝君当丞相，有人对他说："田文是齐国的贵族，手下人又多。他当了丞相，一定先替齐国打算，秦国不就危险了吗？"

秦昭襄王说："有道理，那还是让他回去吧！"

又有人说："孟尝君在这儿已经住了不少日子，秦国的情况他知道得差不多了，怎么能轻易放他回去呢？"

于是，秦昭襄王就把孟尝君软禁起来。

孟尝君走不了，心里十分着急，他打听到秦昭襄王有个最受宠爱的妃子，只要妃子说一，秦昭襄王绝不说二。于是，孟尝君派人去求她帮忙。那个妃子叫人传话说："叫我跟大王说句话并不难，我只要一件白狐皮袍。"这下，孟尝君可作难了，他只有一件白狐皮袍，已经献给秦昭襄王了。孟尝君和手下的门客商量，怎么能把它弄回来呢？其中有个门客说："我有办法。"

原来这个门客最善于钻狗洞偷东西。他先摸清情况，知道秦昭襄王特别喜爱那件白狐皮袍，一时舍不得穿，放在宫中的精品贮藏室里。于是，他便借着月光学狗叫，逃过巡逻人的眼睛，轻易地钻进贮藏室把白狐皮袍偷了出来。孟尝君便把偷来的白狐皮袍送给秦昭襄王的宠妃。那个妃子得了皮袍，就劝说秦昭襄王放孟尝君回去。秦昭襄王果然同意了，发下过关文书，让孟尝君及门客回齐国。

孟尝君得到文书，急急忙忙地往函谷关跑去。因为担心秦昭襄王反悔，孟尝君还改名换姓，把文书上的名字也改了。到了关上，正赶上半夜。按秦国法规，函谷关每天鸡叫才开门，半夜时候，鸡怎么能叫呢？大家正在犯愁的时候，只听见几声"喔，喔，喔"的雄鸡啼鸣，接着，城关外的雄鸡都打鸣了。原来，孟尝君的另一个门客会学鸡叫，而鸡是只要听到第一声啼叫就会立刻跟着叫起来的。怎么还没睡实鸡就叫了呢？守关的士兵虽然觉得奇怪，但也只得起来打开关门，放他们出去。

天亮了，秦昭襄王才知孟尝君一行已经逃走，立刻派出人马追赶。等追到函谷关时，孟尝君等人已经出关多时了。

孟尝君就靠着鸡鸣狗盗之士逃回了齐国。

谋略感悟

这个故事也告诉我们，起用人才，重用人才，不要存"门阀"之见，无论他出身如何，只要是人才，真正的人才，就要笼络，为我所用，为我重用。好的领导者能把每一个人都放到最合适的位置，使其各司其职，这样彼此的缺点和优点互相补充，才能让整个组织得以充分协作和发展。

知人善任

唐代宗、唐德宗时，镇守三吴的观察使韩滉是一个清正的官员，他以知人善任著称，用人时能够人尽其才。

一天，韩滉一个老朋友的儿子前来投奔他，想让韩滉给他安排一份工作。韩滉便问这个小伙子有何特长，小伙子支支吾吾了半天，始终回答不上来。韩滉一时想不出有什么合适的工作可以分配给小伙子，只好先安顿他住下来。

有一天，韩滉设宴待客，由于人手不够，就让这个小伙子出面作陪，酒宴进行了两个多小时，小伙子自始至终正襟危坐，一副不为所动的样子，从不和左右宾客交谈。客人们看到他派头这样大，以为是个大有来头的人物，都不敢贸然上前攀谈，因此搞得宴会的气氛十分压抑。见小伙子如此木讷，不善于交际应酬，韩滉暗自懊悔自己用人不当。

过了几天，下人向韩滉报告说，管理军需库的人员更换了几次，但怎么也制止不住财物的流失。

原来韩滉手下的军需库储备有大量的兵器和物资，管理军需库是个肥缺，受到各方各面的关注和拉拢，守库人员一上任，用不了多久就与形形色色的人混熟了。人际关系一复杂，自然会产生很多弊端。

"派谁去管理军需库才能让人放心呢？"韩滉头痛不已。

忽然，韩滉眼前浮现出那个小伙子在酒宴上正襟危坐的样子，不禁大发感慨："对呀，眼前不就有一个最合适不过的人选吗，我怎么早没想到呢？派小伙子去管理军需库，肯定再合适不过了。"

小伙子接到韩滉派他管理军需库的任命后，每天早晨一到军需库，就里里外外仔细巡视一遍，然后端端正正地守在军需库门口，除了处理公事，从来不与人聊天闲话,直到日落西山。自从小伙子接任管理军需库的工作之后,军需库就再也没有发生闲杂人等随便出入,财物丢失的现象。

谋略感悟

　　正所谓"金无足赤,人无完人",每个人身上都会有缺点,但缺点未必都是劣势。韩滉老友的儿子为人木讷,在交际应酬方面是个缺点,但在拒绝诱惑、忠于职守方面却是个优点。韩滉能够取其优点,并使其充分发挥优点与才能。

善用者用其所长

一天，南宋大将张俊正在自己家的后花园游玩，忽然发现一个老兵没有值班，反而躺在草地上睡大觉。

张俊很不高兴，上去踢了踢他，质问道："你不好好值班，为什么在这里睡觉？"

老兵一见主人来了，赶忙爬起来回答："小人没什么事情可做，只好睡大觉了。"

张俊看他睡觉本来就不高兴，一听他这么说，就更生气了："你除了睡觉还会干什么？"

老兵想了想，认真地答道："我会做生意，却没有本钱。"

张俊见他认真，便逗他说："你会做生意，那么，我给你一万缗（缗，串铜钱的绳子，借指成串的铜钱，每串一千文）去做生意怎么样？"

老兵摇摇头。

张俊忍住笑："那我给你五万缗。"

老兵依然摇头。

张俊有些奇怪，便问他："那你需要多少？"

老兵慢慢地回答道："如果不能给我一百万缗，至少也得给五十万缗才值得我去做一趟买卖。"

张俊仔细地看了看这个老兵，收起了戏耍之心，果真给了他五十万缗，让他随心所欲地去支配。老兵得到这笔钱后，首先买了一艘非常豪华的大船，广泛地收购绫罗绸缎、古玩玉器、金银珠宝；又招募了一百多个能歌善舞的美女、乐师，以及十几个娴雅、风流倜傥的紫衣役吏、文书、家将，和一百个年轻力壮的侍者。然后，带着这些人和货物从海上走了。

几年后，就在张俊都已经认为这老兵是骗子的时候，老兵带着他的大船回来了。不仅如此，在他的船后还有十多艘大船，而且每艘船上都装满了珍珠、犀牛角、香药和骏马。当时，军队中正缺少战马，张俊大喜过望。

在问及他是如何以一船之资换回这么多东西时，老兵答道："我以大宋国外贸官员的身份游历海外各国，一一前去谒见诸王，并把带去的绫罗绸缎、古玩珍宝赠送给他们。每当他们招待我的时候，我就让歌女们出来跳舞、唱歌为其助兴，海外的那些君王非常喜欢，就用好马来换我们的美女，还为我造船载马；对于那些精美漂亮的金银玉器等物品，他们就用犀牛角、香药等来换，满意之后又赠送了我许多珍贵的物品。"

张俊听后，对这个老兵的聪明和手段赞叹不已，重重地赏赐了他，问他能否再去一趟。得到丰厚报酬的老兵回答道："这种把戏只能玩一次，多了就不灵了。您还是让我回老家安度晚年吧！"

南宋文人罗大经评论道："一个衣衫褴褛的老兵，张俊竟然慷慨地给他五十万缗钱财，而不问他去干什么，这样的恢宏度量，足以使人感激涕零、鞠躬尽瘁死而后已了。当年越王勾践将国家大事托付给文种、范蠡，刘邦给陈平四万斤黄金而不问其用途，都是出于同样的考虑。由此看来，如果不知那人底细如何，而轻率地任用他，或者知道那人能用而不任用他，都不足以使事业获得成功。更难能可贵的是：老兵到海外去闯了一趟后，便告老还乡了，这说明他深知进退存亡的道理，这实在是太神奇了！"

谋略感悟

张俊的这个老兵名不见经传，却有幸碰到了张俊这个慨然相予又善于用人的"伯乐"，才干出了一番令世人刮目相看的业绩来。这个故事再次说明人才各有长短，用人如用器，贵在用其所长而避其所短。善用者如能用其所长，恰到好处，就可以发挥其潜藏的效用。

第二章 处世卷

做人做事是一门艺术，更是一门学问。很多人之所以一辈子碌碌无为，那是因为他活了一辈子都没弄明白该怎样去做人做事。中国传统社会是一个人治社会，十分重视为人处世的策略和技巧，而且留下了许多宝贵的思想财富。古语有云：世事洞明皆学问，人情练达即文章。为人处世之道，从本质上而言就是要求我们在竞争中扬长避短，避免或减少冲突与对抗，做到互相理解、互相尊重、互相宽容。

负荆请罪

俗话说"满招损，谦受益"。谦虚是中华民族的传统美德之一，也是一个人应该具备的重要品质。谦虚的人品格高尚，且总能拥有好人缘。历史上为人们所津津乐道的"负荆请罪"故事中的蔺相如就是一位谦谦君子。

战国时期，齐国、楚国、燕国、韩国、赵国、魏国、秦国这七国被称为"战国七雄"。在这七个国家当中，秦国国力最为强大，因此常常不把其他国家放在眼里。

公元前282年，赵惠文王得到楚国的宝玉和氏璧，秦昭襄王听说后，派人给赵国送信，说愿意拿15座城池来交换这块价值连城的宝玉。赵惠文王不愿意交出宝玉，因为秦国反复无常，很可能拿走宝玉而不给一座城池。但是赵惠文王又不敢得罪秦国，后来没办法，派蔺相如为使者到秦国去交涉。

蔺相如见到秦昭襄王后，凭着自己的机智和勇敢，最终不辱使命，完璧归赵，使得秦昭襄王再也不敢小看赵国。蔺相如回国后，因为这次漂亮的外交，被赵惠文王封为"上卿"（相当于后来的宰相）。

蔺相如出使一次回来就当了上卿，这可气坏了一个人，这个人就是赵国的大将军廉颇。廉颇想："他不过是一个家臣，凭一张嘴出使一趟回来就居于我之上了？我为赵国在战场上拼命这么多年，帮赵国渡过不少危机，难道我的功劳还比不上一个家臣吗？"

廉颇越想越不服气，怒气冲冲地对手下说："要是我碰到蔺相如，一定要当面让他难堪。"

消息传到蔺相如那里，蔺相如只是笑了笑，告诫家人和家丁，叫他们以后碰着廉颇手下的人，千万让着点儿，不要和他们争吵。他自己坐车出门，只要听说廉颇过来了，就立马叫马车夫把车子赶到小巷子里，等廉颇过去了再走。

时间长了，蔺相如手下的人就受不了了，他们对自己主人的懦弱感到非常生气，就去向蔺相如辞行，说出了他们的想法。蔺相如心平气和地问他们："你们认为廉将军跟秦王相比，哪一个更厉害呢？"

他手下人都说："当然是秦王厉害。"

蔺相如笑了："这不就对了！我连秦王都不怕，难道还怕廉将军吗？要知道，秦国现在之所以不敢轻易攻打赵国，就是因为我与廉将军同心为赵国效力。我和廉颇将军两个人就好比是两只老虎，两虎相斗，必有一伤。如果我们两个不和，相互为了利益而争吵，甚至伤了一个，就会给秦国进攻赵国制造一个好机会。我之所以避让廉将军，是从国家利益出发，不计较个人恩怨而已。"

大家听了蔺相如的一番解释，都非常感动。这以后，大家见了廉颇及其手下的人，都自觉自愿地让着他们。

此事最后传到了廉颇的耳朵里，廉颇为蔺相如这种宽容、坦荡的心胸所震惊，想想自己所做简直太过分了。惭愧的廉颇脱掉一只袖子，露着肩膀，背了一根荆条，直奔蔺相如家去请罪。见到亲自到门口迎接自己的蔺相如后，廉颇跪了下来，双手捧着荆条，请蔺相如抽打自己，说："我是粗陋浅薄之人，没想到将军对我如此宽容。"蔺相如急忙把荆条扔在地上，双手扶起廉颇，请他到家中坐下。两人喝酒谈政，痛快畅叙。从此，两人誓同生死，成为至交。

谋略感悟

在这个故事中，蔺相如是一个谦谦君子，能够胸怀全局，虚怀若谷。对于廉颇的挑衅，他不但不生气，反而谦虚对待，锋芒丝毫不外露，显示出君子之风。

晏子的智慧

名气大，或因其官高，或因其才大，这种人如不自律，就会傲视一切，但如能谦虚，他在人们眼里的形象就会显得更高大。名高说明他有本事，谦虚说明他有美德，本事和美德相结合，就更会让人们无限景仰，所以名越高越谦虚，其名越扬。

人越谦虚越受人敬服，人越骄傲越被人厌弃。春秋时齐相晏子的谦虚和其车夫的自满形成了鲜明的对照：有一天，齐国丞相晏子乘车外出，其车夫的妻子从门缝窥看，见她的丈夫给丞相驾驶盖有大罗伞的车，鞭策拉车的四匹骏马，显得神气飞扬。车夫驾车回家后，其妻子对他说要离开他，他问原因，其妻说："晏子长不满六尺，相齐国，名显诸侯，今者妾观其出，志念深矣，常有以自下者。今子长八尺，乃为人仆御，然子之意，自以为足，妾是以求去也。"意思是说，晏子长得矮，当上齐国丞相，名声显赫于诸侯，我看他为人有志气，谦下待人。而你虽长得高，只是驾车的仆人，却如此自满，扬扬得意，所以我要离开你。妻子的批评，使他认识到自己的缺点，从此，他的态度变得谦逊了。晏子问其故，车夫如实相告，晏子就推荐他为大夫。

晏子确是个很谦虚的人，不只车夫的妻子敬佩他，时人也都是有口皆碑的。他的谦虚主要表现在：

一是在生活上知足，始终保持俭朴，对封邑赏赐都坚决拒绝。有一次晏子奉命出使晋国，齐景公因晏子住宅简陋，便拆掉邻居住宅以扩建晏子住宅。晏子回国时住宅已建好了，晏子先拜谢景公所赐，然后拆掉新宅，重新照原样修建邻居的住宅，请邻居搬回来住。可见晏子是多么谦虚，决不干损人利己之事，正因此，他得到人们的敬服。如果住在拆掉邻居的住宅所扩建的新宅里，邻居将永远怨恨他。

二是谦卑待人。有一次，晏子出使晋国时经过中牟邑，遇见囚犯越石父，晏子觉得越石父是个有修养的君子，便把他赎买下来，并将他带回家。一天，晏子到家后忘记跟越石父打招呼便进去了，越石父怒其非礼，要跟晏子绝交。晏子谦卑地向他谢罪，待之为上宾。本来有恩于人难免就会骄傲，而晏子施恩于越石父非但得不到他的感激，反而因一时疏忽而挨批评，对此晏子不仅不发火，却能屈己礼下之，如非谦虚的人是不能如此待人的。

三是在功业上常自谦，永远不满足。梁丘曾说他至死也赶不上晏子的功业，晏子说："婴闻之，为者常成，行者常至。婴非有异于人也，常为而不置，常行而不休者，故难及也。"意思是说，他听说，肯干就能有成绩，肯走就能到达目的地。他没有什么跟别人不同的地方，只是不断干而不放弃，经常走而不休息罢了。

谋略感悟

晏子虽贵为丞相而不自满，坚持"常为常行"，故有大成就，让所有人佩服，誉满诸侯。

汉高祖封侯雍齿

汉朝刚刚建立不久，刘邦在洛阳宫殿附近看到很多将领聚集在一起乱发牢骚，于是十分好奇，想听听他们到底在讲什么，就想走近他们一些。谁知，当刘邦走近他们的时候，这些将领马上就停止了议论。将领们脸上都带着埋怨的神色，看样子，他们都对刘邦很有意见。这让刘邦感到十分纳闷。于是，刘邦找来了张良，问他军中出了什么事儿。张良如实汇报说："各位将领正在议论造反的事儿！"

张良的这句话着实让刘邦吃了一惊，他刚做了汉朝的皇帝，天下初定，现在居然有人出来造反，这不能不让他着急。刘邦连忙向张良打听整件事情的来龙去脉，张良分析说："陛下斩蛇起义，全靠将士们出生入死才夺取了天下。现在，陛下打败了项羽，夺得了皇位，将军们最关心的就是授予官位和分封土地。可是，陛下分封的都是自己亲近的人，处罚的都是和陛下有旧怨的人。现在，将军们一边盼着陛下能够尽快对他们进行分封，一边又担心土地有限自己得不到应有的封赏，还有一些人害怕自己平时得罪过陛下，会遭到陛下的处罚。因此他们聚集在一起密谋发难。这件事如果处理不妥当，就会发生内乱。"

"事到如今，该怎么收拾呢？"刘邦忙问。

张良不慌不忙地说："我有一计，可以对付这个局面。请问陛下，平时您最恨的而且将军们都知道的人是谁？"

事已至此，刘邦只得如实相告："我最恨的人就是雍齿。雍齿这个人作战英勇，曾经立过许多战功，在将士们中也颇有威望。可是他曾背叛过我，还仗着自己曾经立下的功劳，说话时不顾君臣之礼，几次让我在大臣面前难堪。我气得真想杀了他，以解我心头之恨。但那时正是用人之际，我也就暂时忍了。"

张良拍手笑道:"这下就好办了,臣建议,陛下马上封雍齿为侯。这样一来,那些有战功而担心陛下为难他们的人,看到陛下分封了自己最恨的人,就会消除一切顾虑,再也不会造反了。"

听了张良的提议,刘邦也拍手叫好。随即,刘邦采纳了张良的计策,摆下酒宴,当着大臣和将军们的面,封雍齿为什邡侯,又让丞相、御史加快定功封赏的进度。

先前准备谋反的将军们经过这次酒宴,都变得高高兴兴的,大家都说,我们就老老实实地回家等着陛下分封奖赏吧!

张良的这一计策,化解了这场将要发生的叛乱。

谋略感悟

周代吕尚在《阴谋》中说道:"杀一以惩万,赏一而劝众,此明君之威福也。"《文中子·立命》也有言曰:"赏一以劝百,罚一以惩众,夫为政而何有!"在这个故事中,刘邦就是用张良的"赏一安百"的谋略,解除了将士们企图谋反的危机。

张嘉言智平兵变

明朝时期，张嘉言担任广州司理参军，朝廷在沿海一带设有总兵、参将、游击等官职，部下各拥有数千名士兵，每天的军粮都要平均分为两份。参将、游击部下的士兵每年汛期都要出海巡逻，而总兵所管辖的士兵都借口驻守海防，从来不出海远行。等到每过三五年要维修船只而全都不出海的时候，参将、游击部下的士兵每天就只能领到一半的军粮；即便是不修船而没有出海，每天也要减去三分之一的军粮被贮存起来，等到修船时再用。只有总兵部下的军粮一点儿也不减，修船时再另外从民间筹集经费。这种做法已经沿袭很久了，都被彼此视为理所当然。

不料，有一天巡按突然将此事详细报告了军门，请求以后将总兵部下士兵的军粮稍微减一些，留待以后准备修船时再用。刚好总督与总兵之间有矛盾，于是马上同意了这一方案。总兵的部下听到这一消息后，立刻不满起来，他们知道张嘉言是朝廷信任的官员，就围逼到了张嘉言的大堂之下。

只见张嘉言神色安然自若，命令手下人传六个知情者到堂上说明事情的原委。士兵们蜂拥而上，张嘉言派人将他们全都带下堂去，大声地说："人多嘴杂，一片吵闹声，我无法听清楚你们在说些什么。"

当时正下着大雨，士兵们的衣服都被淋湿了，张嘉言也不顾惜，只是叫这六个人详细说明情况。这六个人你一言我一语，都说过去从来没有扣减总兵部下军粮的先例。

张嘉言说："我也听说过这件事。你们全都不出海巡逻，难怪上司要削减你们的军粮了。你们要想不减也可以，不过那对你们也并没有什么好处。上司从今以后会让你们和参将、游击的士兵一样每年轮换着出海巡逻，你们难道能不去吗？如果不去，那么你们也会同他们一样，军粮被减掉一半。你们费尽心机争取到的东西依然拿不到，而是要发给那些来替换你们的参将、游击部下。如果是这样,你们为何不听从上司意见将军粮稍微减少一点儿,而你们仍然年年继续安然做你们的士兵呢?你们再认真考虑一下这件事吧!"

这六个人听了张嘉言的话,都低着头,一时无言以对,只是一个劲地叫道:"求老爷转告上司,多多宽大体恤。"

张嘉言问道:"你们叫什么名字?"

听了张嘉言的问话,六个人面面相觑,不敢答话。

张嘉言骂道:"你们不报上自己的姓名,如果上司来问我:'是谁禀告你的?'我到时候又怎么回答呢?你们不妨各报姓名,我自有道理。"

这六个人只好各自报了姓名,张嘉言一一记下了。然后,张嘉言对他们说:"你们回去转告下面的士兵,这件事我自会处置,劝他们不要闹了。如果他们还要继续闹事,你们六个人的姓名都在我这儿,上司一定会将你们全部斩首!"

听了张嘉言的话,这六个人吓得面容失色,连连点头称是地退了下去。后来,总兵部下的士兵虽然每天被扣除了一钱军粮银,但士兵们再也没有闹过事。

谋略感悟

对那些无理取闹者,张嘉言采取了"刚言"相对的策略。那些私心过重的人,看上去不可一世,实际上是色厉内荏。如果过分地迁就他们,反而会助长其嚣张气势,使之得寸进尺。如果敢于碰硬,口气硬邦邦,那些人自会退避三舍。

胡林翼屈尊祝寿

清朝的总督、巡抚都是坐镇一方的封疆大吏，名分上总督大于巡抚，但实际上两者的权限基本一致，没有谁能管谁的问题。同处一地的总督和巡抚极易发生权力上的冲突，有清一代经常出现督抚不和的事情。其实这也是清朝最高统治者故意在这方面做引导的结果，一般来说，同处一地的总督、巡抚是由满人和汉人来分别担任，目的是使其相互牵制。

咸丰六年（1856），汉人胡林翼升任湖北巡抚，上任后，他所面临的首要问题就是处理与湖广总督官文的关系。

湖广总督官文虽然平庸无能，却捣蛋有术，又贪财好色。因为他是满族人，皇上十分信任他。因此胡林翼经常受到掣肘，工作经常被不学无术的官文粗暴干涉。

一次，官文极其宠爱的五姨太闹着要过生日，官文迫不得已广发请柬说某日是他夫人的生日，请湖北的同僚前来为其祝寿。胡林翼也接到了邀请，但他走到半路的时候，忽然发现同僚们都气急败坏地回来了，问及原因，他们说以为是官文夫人的生日才去祝贺的，到了之后才知道原来是官文的姨太太过生日。堂堂朝廷命官，竟然去给一个地位低下的姨太太祝寿，这真是莫大的耻辱啊。

胡林翼听了也是一惊，但他转念一想，想到一个协调自己与官文关系的妙计，于是他继续赶了过去。当时官文的五姨太正因为遭遇冷场而寻死觅活地哭闹呢！

官文在一旁唉声叹气，忽然接到胡林翼登门拜访的消息，不禁惊喜交加。在湖北官场，胡林翼可是地位仅次于自己的二号人物，其才华也为世人所推崇。如此一位重量级的人物亲自带着厚礼来为自己的姨太太祝寿，真是天大的面子。

湖北的其他官员听说胡林翼去了,也都十分惊讶,只好极不情愿地返回官文府中。

更令人吃惊的是,在酒席上,胡林翼又趁热打铁,主动说自己的母亲没有女儿,想收官文的五姨太为义女。五姨太凭空多了一位势力显赫的义兄来为自己撑腰,当然是求之不得的事。如此一来,五姨太在官文的众多姨太太中的地位无形中高出许多。

事后,官文十分感谢胡林翼,对他的干涉也少了许多,胡林翼在湖北得以集军政大权于一身,放开手脚大干起来。

当然,有时候官文也难免想干涉,但那位姨太太总是给他吹枕边风:"我胡大哥本事大得很,有他在,你可以安心许多。"官文也就放弃了干涉的念头,彻底当起了"甩手掌柜"。

谋略感悟

胡林翼极其聪明,他深谙中国是一个注重人情的社会,要取得他人的鼎力相助,必须想方设法和他们建立良好、密切的人际关系,所以他以帮助老朋友的心态来处理彼此遇到的问题。

范蠡急流勇退

范蠡，字少伯，春秋楚国宛（今河南南阳）人。他虽出身贫贱，却博学多才，与楚宛令文种相识，交情很深。二人因不满当时楚国政治黑暗、非贵族不得入仕的规则而一起投奔越国，辅佐越王勾践。

公元前494年，夫差带兵大败越王勾践，范蠡劝勾践忍辱负重，以图复国，并陪同勾践夫妇一起在吴国为奴三年。三年后回到越国，他与文种一起，定下了越国"十年生聚，十年教训"的兴越灭吴的策略。为了灭吴，他亲自到各地去寻找合适的美女，结果在苎萝山浣纱河访到德才貌兼备的西施，从此在历史上谱写了一曲深明大义、英雄美人的传奇乐章。

公元前473年，越国灭了吴国，成功雪耻。范蠡因功绩卓著，被封为上将军。他认为"飞鸟尽，良弓藏；狡兔死，走狗烹"，勾践是一个可共患难而不可共富贵的人，自己的名望和功劳在勾践之上，并不是件好事。于是，已经六十三岁的范蠡在功成名就之后急流勇退，携妻带子辞官而隐，化名为鸱夷子皮，变官服为一袭白衣，泛一叶扁舟于五湖之中，遨游于七十二峰之间（也有一说是与西施相携而归）。

归隐后，他带领儿子和门徒们在海边结庐而居。齐国是东方的大国，农业和工商业都十分发达。范蠡一行人在海边一边努力垦荒耕作，一边看准机会经商做生意，没过几年，就积累了数千万家产。由于范蠡仗义疏财，施善乡里，同时能力和才干又异于常人，很快，就连齐王都知道了他的名声，齐王把他请进国都临淄，想拜他为主持政务的相国。这与他的本意是相违背的，他不禁感叹："努力治家能积聚千金，进入仕途为官能位至卿相，这对于一个平民百姓是最得意的事情了。但是长时间享受名望，恐怕不是吉祥的征兆。"于是，他奉还了相印，散尽了家财，再次急流勇退，带着家里人悄悄地走了。

范蠡带着家人来到宋国的陶邑（今山东省菏泽市定陶区）定居，自称

"朱公"，人们尊称他为"陶朱公"。他的经商头脑和善于治财的才干又一次发挥了作用，没几年时间，天下人都知道陶邑有个陶朱公，富甲天下。后来，范蠡年岁已高，就把生意交给长子继续经营，自己带上夫人和小儿子一起游山玩水去了。当他行至熊耳山下的卢邑（今河南卢氏县）时，为当地景色所恋，决定在此定居。定居期间，范蠡带动当地居民利用不同地区之间物资的差异，做转运生意，逐渐过上了富裕的生活。不仅如此，他的夫人也教当地妇女种桑养蚕、抽丝织布，使男女老幼的衣着也有了改观。

最后，当他决定回陶邑时，他再一次显示了自己的慷慨，把积累的几十万家财中的绝大部分留给了乡邻和穷苦人。后来，人们为了纪念这位伟大的政治家、大商人，就把他当年生活过的卢氏县莘川村改名为"范蠡"，把村边的湖改称"范蠡湖"，并载于清朝的《卢氏县志》上。

谋略感悟

月盈则亏，盛极则衰。在范蠡的身上体现了他善于审时度势的智慧之光，知道何时该进何时该退，这也就是用发展的眼光来看待世界，现在好未必代表将来好，而现在不好也不代表永远如此。范蠡的人生充满了变数，但他愿意从建国功臣变为一介平民，更是数次散尽千万家财从头开始。

李泌归隐山林

公元 755 年，安史之乱爆发。第二年唐玄宗逃至马嵬坡（今陕西兴平市西北）时，随行将士处死宰相杨国忠，并强迫杨玉环自尽，史称"马嵬坡兵变"。兵变后唐玄宗西逃，太子李亨在灵武（今宁夏灵武市）即位，是为唐肃宗。

当时朝廷处于内忧外患之中，唐肃宗深感举步维艰，于是急召因不满杨国忠弄权而归隐山林的李泌前来辅佐。二人相见后，唐肃宗非常高兴，事无巨细都向他咨询，对他言无不从，甚至睡觉时也同榻而眠。

后来，李泌看到唐肃宗宠信皇后张良娣，纵容她干涉政事；又放任宦官李辅国专权，国家朝政在这两派势力的斗争下，越来越乱。李泌感到自己一人之力势单力薄，在朝中已经成为别人的眼中钉，为了避免灭族，李泌决定再次退隐山林。

因此，收复长安后，李泌就对唐肃宗说："您对我的恩情重如山，如今我已经粗浅地回报了一些圣恩，请陛下准许我从今以后做个闲人吧。"

唐肃宗不同意，说："我同先生共忧患多年，应与先生共同享乐，您为什么要离开我呢？"

李泌对极力挽留他的唐肃宗说："我有五不可留，希望您听完后让我离开，免于一死。"

唐肃宗连忙问哪五不可留。

李泌回答说："我遇您太早，您任我太重，宠任我太深，我的功劳太高，事迹太奇，所以不能留在朝中。如果您不让我走，等于是要杀了我。"

唐肃宗再三挽留都没有用，最后只得同意了李泌的请求。

临行之际，李泌对唐肃宗说："您对我这么信任、这么恩宠，建宁王被冤杀一案我也不敢说。现在我说出来，不是想追究此事，而是提醒您将来不要出现类似的情况。"

唐肃宗吃惊地说:"建宁王听信小人的话,谋害兄长,想夺储位,我不得不把他赐死,先生应该很清楚啊!"

李泌摇摇头:"建宁王如果有此心,他的兄长广平王应该怨恨他,可是每当广平王跟我谈起此事,都哭着说弟弟冤枉。况且平定叛乱时,您想让建宁王为天下兵马大元帅,我不同意,请您改任广平王。如果建宁王想夺太子位,一定非常记恨我,为什么后来他却对我更加恭敬和友善呢?"

听着听着唐肃宗也有感于怀,忍不住哭了:"先生说得对,我知道错了,但事情已经过去,我不想再听这事了。"

李泌说:"我提起此事,是为了警诫陛下。当年天后(武则天)有四个儿子,长子太子李弘因聪明招来杀身之祸,天后改立次子李贤,李贤内心恐惧,就作了一首《黄台瓜辞》:'种瓜黄台下,瓜熟子离离。一摘使瓜好,再摘使瓜稀,三摘尤自可,摘绝抱蔓归。'情意恳切,他的目的是想让天后感动,但最后还是流徙而死于黔中。而今您已经摘了一个瓜了,千万不能再摘了。"

唐肃宗深受震动,说自己一定会记住的,让李泌放心。这次谈话后,李泌即入衡山,归隐泉林。

李泌之所以选择在临别时说出这么一番肺腑之言,是因为他感到皇后张良娣仗着自己受宠想立自己亲生儿子为太子,为此暗地里捏造流言,构陷广平王。皇宫立嗣历来是个敏感且危险的话题,各方势力的眼线众多,关系复杂,李泌不敢在大庭广众之下表明态度,临走之前说出来,既给唐肃宗提个醒,又提高了自身的安全系数,可谓煞费苦心。

李泌深知肃宗无远图、无大略、无洪量、无厚德,重于私情,昧于事理,患难之时尚可折节下士,太平之时则难兼听忠言,伴君如伴虎,不如及早抽身为妙。

谋略感悟

> 伴君如伴虎,若不及时抽身,必有杀身之祸。为远离政治斗争的旋涡,有着长远眼光的李泌功成身退,在退出政治斗争之时还保护了太子,不可不说其高明啊!

功成身退婉拒为相

朱元璋登基称帝后，给昔日与他并肩作战的将领们都加了封号，赏了俸禄。当时他封李善长为丞相，李善长是最早跟随朱元璋起义的人之一，也是朱元璋的同乡，在行军打仗中，对朱元璋忠心耿耿。因此，在建立大明王朝的时候，朱元璋按功行赏，把他排在了第一位。

但是做了丞相的李善长，时移事迁，开始变得奢侈享受、心胸狭窄。朝中官吏，凡是顺从他的就加以提拔；凡是不附和他的，就暗中想办法整治，将其发配到外地去。

时间长了，朱元璋也觉察到了李善长的不妥之处，再加上他的一个儿子无恶不作，李善长不仅不加以管教，反而处处庇护，惹得朱元璋大为不满。

这一天，朱元璋又为一事对李善长生起气来，当场呵斥道："你退下去吧！我当初怎么会让你当这个丞相？"事后，朱元璋决意要换相。一天，朱元璋特地召刘伯温前来计议，其实当初封相的时候，他考虑过让刘伯温做丞相。

刘伯温听了朱元璋的想法，先是一愣，心想：更换丞相，并非小事，关系到社稷前程。朝中功臣宿将又多，要当好这个丞相不容易。因此，他便劝朱元璋道："善长乃是大明之臣，享有盛望，他做丞相，可以调和诸将，利于上下同心。依臣下之见，还是看他的长处，不换为好。"

"啊？"听到刘伯温这么说，朱元璋大吃一惊，静静地看了看刘伯温，慨然地问，"善长多次说你坏话，想加害于你，你为什么这时候还要帮他说情呢？"

刘伯温笑笑说："他想加害我，这乃是私人恩怨。更换丞相，乃是朝廷大事。臣下怎么敢以公报私、以小损大呢？"

刘伯温说得语重心长、情真意切，使朱元璋深受感动，心中暗赞：伯温先生真不愧忠良之臣。俗话说，宰相肚里能撑船，伯温果然如此。赞叹至此，朱元璋不由得心头一亮，满脸堆笑，高兴地说道："先生有如此气量，真是难得。如今我的这个丞相，就由先生你来当了。"

刘伯温一听朱元璋要他做丞相，连忙跪倒在地，拜辞道："不行！不行！这事就好像是给房屋更换梁柱，必须使用大木。臣下乃是一根小木，怎么可以呢？否则，那房子是会倒塌的呀！"

朱元璋听了，半晌没有做声，想到朝中李善长势力庞大，刘伯温也确实有自己的难处，最后只好算了，说道："这事以后再说吧！"

刘伯温辞谢而去。

谋略感悟

刘伯温是一个忠良之臣，也是能够审时度势之人，他知道居于高位者所要承担的责任更重，危机也更多。同时，他知道自己的局限，知道自己不适合那个职位，所以愿意让位给更适合的人，确实是机智啊！

假托神道明哲保身

"汉初三杰"之一的张良原是韩国人,在秦统一天下后,为报亡国之恨,曾雇力士在博浪沙(今河南省原阳县城东郊)刺杀秦始皇,事败后逃亡下邳,后归附沛公刘邦,为刘邦打败项羽登上皇位、平定叛乱治理天下立下汗马功劳。

随着西汉建立,皇权慢慢稳固,张良逐步从"帝者师"退居到"帝者宾",遵循着可有可无、时进时止的处世原则。他深知"飞鸟尽,良弓藏;狡兔死,走狗烹;敌国破,谋臣亡"的道理,在群臣争功的情况下,他上书说自己没有战功,只愿做留侯,"不敢当三万户";刘邦对他的封赏,他从来都表现得极为知足;他以体弱多病为由,专心导引之术,闭门不出;还扬言"愿弃人间事,欲从赤松子游"。在汉初刘邦剪灭异姓王的残酷斗争中,很少有张良的身影;在西汉皇室的明争暗斗中,张良也恪守"疏不间亲"的原则。因此,在汉初"三杰"中的韩信被杀、萧何被囚的情况下,只有张良始终未伤毫毛。

刘邦称帝后,宠爱戚夫人,冷落吕后。他怎么看都觉得太子刘盈软弱胆小,一点儿都不像当年的自己;又觉得吕后生性要强,有代刘而王的迹象。于是想换掉太子刘盈,改立戚夫人的儿子赵王如意为太子。

更换太子并非易事,这关系到政权的稳定及各个利益集团的命运。一时之间,满朝大臣都议论起来,更有几个大臣不惜犯颜谏诤,但刘邦对之丝毫不予理会。吕后比谁都害怕和恐慌,她想尽一切办法都没有见效,眼看太子之位将要被剥夺,心有不甘的她找到张良,逼着张良给她出主意。

一开始,张良以这是皇室家事自己不方便出面而推辞,后来禁不住要挟,同时考虑到天下初定,汉朝统治根基还未稳固,各项制度还未健全,只有顺其现状,无为而治,才能安定天下、稳保江山,于是出了一个主意:"口舌之争毫无意义，徒费口水而已。皇上不能招来的只有四个人——'商山四皓'（皓：白，四皓即四个白头发的老人），他们因为觉得皇上傲慢无礼而不肯来。您如果肯下大力气，花些金银，让太子写一封言辞谦恭的信，预备安车，再请口才很好的人恳切地去聘请他们，他们应当会来。如果太子能亲自请'四皓'出山，出入宫廷时让'四皓'相伴左右，皇上见到后一定会问起这件事，一旦知道四个人的贤德，太子的地位就可以稳固了。"于是吕后赶紧让她的哥哥吕释之派人携带太子的书信，用谦恭的言辞和丰厚的礼品，迎请这四个人。

结果，事情果真如张良所说，刘邦知道伴随太子左右的"四皓"就是自己数次都请不来的隐士后，大吃一惊："我多次请你们都请不来，你们为什么愿意跟着我儿子呢？"

这四个人说："您不喜欢读书人，又喜欢骂人，我们讲求义理，接受不了这种轻侮，所以就四处逃躲不愿入仕。但是我们听说太子为人仁义孝顺、谦恭有礼、喜爱士人，天下人没有谁不想为太子拼死效力的。因此我们就来了。"刘邦叹了一口气，说："那以后就多多麻烦诸位，始终如一地好好指教和保护太子吧！"

回宫后，刘邦对戚夫人说，人心所向，大势所趋，奈何不得，更换太子之事没戏了。此事后，张良多数时间称病不出，但吕后因此事对他感激颇多。

谋略感悟

"完名让人全身远害，归咎于己韬光养德。"这是对我们每个人都有着深刻意义的哲理名言，一个有智慧的人，应时刻遵循这种为人处世的基本原则。如果一个人始终保持平和的心态，在利益面前不去跟别人斤斤计较，他也就能够做到"辱行污名，不宜全推，引些归己，可以韬光养德"。

杨修之死

杨修是东汉末期的文学家,太尉杨彪之子,以学识渊博著称。建安年间他被举为孝廉,任郎中,后担任汉相曹操主簿,替曹操典领文书、办理事务,后因锋芒太露而被曹操杀害,死时只有45岁。

有一次,曹操建造了一座后花园。后花园落成时曹操去验收,他慢慢地在院子里转了一圈,什么话也没说,在园门上写了一个"活"字就走了。工匠们你看看我,我看看你,都不知道是什么意思,就去请教杨修。杨修笑了笑,对工匠们说:"门内添'活'字,是个阔字,这说明你们把园门造大了,丞相不满意。"工匠们恍然大悟,于是回去重建园门。曹操再来看过后,非常喜欢,就问大家:"你们是谁领会了我的意思?"左右回答:"多亏了杨主簿的说明!"曹操虽然表面上称好,心里却有些不高兴。

有一天,塞北有人给曹操送了一盒精美的酥(奶酪)。曹操尝了一口后,因有事外出,就题了"一合酥"三个字,放在案头。杨修进去发现后,竟然拿出餐具把它给大家分吃了。曹操知道后,问他为什么这么做,他从容地说:"盒上明明写着'一人一口酥',我们岂敢违抗丞相之命?"曹操听了杨修的话,表面上虽然开心,称赞他聪明,心里却有些讨厌杨修。

曹操生性多疑,很害怕他人暗中谋害自己,就经常吩咐左右说:"我做梦的时候喜欢杀人,但凡我睡着的时候,你们一定不要靠近!"有一天,曹操在帐中睡觉,故意把被子踢落于地,一名近侍怕他着凉,慌忙捡起来给他盖上。曹操立刻跳起来拔剑将他杀了,然后又若无其事地上床睡觉。一会儿醒来后,看到死了的侍卫,故作吃惊地问:"这是谁干的?谁竟敢杀了我的近侍?"其他人都以实情相告。曹操知道后失声痛哭,命人厚葬了这名近侍。从这以后,人们都以为曹操真的会在梦中杀人,只有杨修识破了他的意图,临葬的时候,杨修对着近侍尸体叹惜说:"不是丞相在梦中,而是你在梦中啊！"曹操听到后对杨修更加厌恶。

为了确立接班人，曹操屡次设置难题考验曹丕和曹植兄弟二人的能力。曹植羡慕杨修的能力，平日里经常与杨修在一起谈论事情，于是杨修不自觉地搅入了这场危险的游戏之中。最后，因为曹植多次胜出，曹操产生了怀疑，曹丕趁机买通了人告诉曹操，这一切都是杨修在背后操纵的。曹操大怒，骂道："这个小子怎么敢欺骗我！"于是，他对杨修的厌恶更加深了一层。当时他已经有了诛杀杨修的心意，苦于没有一个合适的理由。

机会终于来了。

曹操出兵汉中进攻刘备，困于斜谷界口，想要突出重围，又忌惮马超；想要收兵回朝，又担心被蜀兵耻笑，进退维谷，犹豫不决间，厨师送鸡汤进来。曹操见碗中有鸡肋，因而有感于怀。沉吟间，夏侯惇进来禀请夜间口令。曹操就随口答道："鸡肋！鸡肋！"于是夏侯惇就把口令传了下去，行军主簿杨修见传"鸡肋"二字，便叫随行军士收拾行装，准备归程。

知道此事后的夏侯惇大惊失色，动摇军心可不是小事。于是他赶紧把杨修请到帐中，问他："你为什么要大家收拾行装？"杨修回答说："根据今晚的口令，便知道魏王不日将要退兵了。鸡肋者，食之无肉，弃之有味。如今进不能胜，退恐人笑，在这里待着已经没有意义了，不如早点回去。你看着吧，过不了几天，魏王必定班师。我这才让大家先收拾行装，免得临行慌乱。"夏侯惇松了一口气："你真是魏王肚子里的蛔虫啊！"于是他也开始收拾行装。

曹操见军中上下都忙着收拾行装，非常生气，得知又是杨修自作主张之后，再也遏制不住内心对他的嫌恶，沉下脸来喝令左右："把这个制造谣言、乱我军心的人推出去斩了！"并将其首级悬挂于辕门之外。

谋略感悟

杨修之所以被杀，最主要的原因就是他的才智外露，为奸狡的曹操所忌恨，最后聪明反被聪明误，免不了杀身之祸。这个故事告诉我们，为人处世，要学会藏巧露拙，这样才能够避免他人的猜疑忌恨，保全自己。

专横跋扈的代价

清代康熙、雍正年间的大将年羹尧，是进士出身。雍正登基之初，对年羹尧倍加赏识，并对其加以重用。

年羹尧一直在西北前线为朝廷效力，由于年羹尧在平定西藏的时候，运粮及守隘之功，封三等公爵，世袭罔替，加太保衔；又因平郭罗克功晋二等公；又因平青海功晋一等公，封一等子爵令其子袭，外加太傅衔。

雍正二年（1724）八月，年羹尧入朝觐见的时候，雍正赐他双眼花翎、四团龙补服、黄带、紫辔及金币，恩宠到了无以复加的地步。不仅年羹尧的亲属备受恩宠，连家仆也有通过保荐，官职做到道员、副将的。

对皇帝的这些恩典，年羹尧不但不心怀感激、寻思报国之策，反而得意忘形，言行更加骄横，不仅霸占了蒙古贝勒七信之女，还斩杀提督、参将多人，甚至蒙古王公见到他都要先跪拜。年羹尧的种种行为引起了群臣的愤怒和非议，弹劾他的奏章多似雪片。

更严重的是，年羹尧任人唯亲，在军中及川陕用人自专，称为"年选"，形成庞大的"年羹尧集团"。而且，年羹尧在皇帝面前"无人臣礼"，藐视并威胁皇权，甚至有自立为帝之心。年羹尧在西安总督府的时候，令文武官员逢五、逢十在辕门当值，辕门、鼓厅画上四爪龙，吹鼓手着蟒袍，和宫廷相似。此外，年羹尧还令雍正派来的侍卫前引后随、牵马坠镫。

按照清朝的制度，凡是上谕到达地方，地方大员须迎诏，要行三跪九叩全礼，跪请圣安，但是，雍正恩诏两次到西宁，年羹尧竟然"不行宣读晓谕"。年羹尧在与督抚、将军往来的咨文中，擅用令谕，语气模仿皇帝。

更有甚者，年羹尧曾经向雍正进呈其出资刻印的《陆宣公奏议》，当雍正想要为此亲撰序言时，年羹尧以不敢"上烦圣心"为借口，代雍正拟就序言，要雍正颁布天下，如此僭越无度，雍正能不寒心，能不动杀心吗？

雍正三年十二月,年羹尧被雍正赐以自尽。

谋略感悟

当你得势而变得目空一切时,肯定会遭到他人的"围攻",这也预示着人生开始衰败。年羹尧在位高权盛的时候不知道低调做人,反而恃功骄傲、专横跋扈,引起朝野上下公愤,最终落得个"卸磨杀驴"的可悲下场。

毛遂自荐

战国末期，秦国大军攻打赵国的都城邯郸，虽然赵国竭力抵抗秦军的进攻，但由于长平之战惨败之后，赵国的兵力明显不足，因此局势越来越危急。于是，赵孝成王便要平原君赵胜想办法去向楚国求救。平原君赵胜乃是赵国的相国，又是赵王的叔叔，接到赵王的命令，他便决定亲自去楚国，与楚王谈判联合抵抗秦国之事。

此次出行，平原君打算带着二十名文武全才的人跟随他一同去楚国。当时，平原君手下有三千门客，可真正要找到文武全才之人，却并不是一件容易的事。在这些门客中挑来挑去，最终，平原君只挑中了十九个人，其他的他都没看上。

正当平原君十分着急的时候，有个坐在末位的门客站了起来，他走到平原君面前，自我推荐道："不知道我能否凑个数呢？"

听了门客的话，平原君感到有点儿惊讶，便问："您叫什么名字？到我门下来有多长时间了？"

那个门客说："我叫毛遂，到这儿已经有三年时间了。"

听了他的话，平原君摇了摇头，说："有才能的人活在这个世上，就如同一把锥子放在口袋里，它的尖儿很快就能冒出来。可您来我这儿做门客都有三年时间了，我甚至都没听说过您的名字。"

毛遂说："贤能之才在这个世上，就如同把锥子放在口袋里，它的尖端立刻就会显示出来。您之所以没有听说过我的才能，是因为直到今天我才让您看到这把锥子。要是您很早就将它放到口袋里，它早就将口袋戳破了，难道光露出个尖儿就可以了吗？"

站在一旁的十九个门客听了毛遂这番话，都认为他十分自大，将轻蔑的眼光投向他。平原君却十分欣赏毛遂的胆识和口才。于是，他决定让毛遂跟随自己一同前往楚国。当天，平原君就辞别了赵王，率领二十位门客去往楚国了。

在路上，其他十九人跟毛遂探讨问题，都为毛遂所折服。到了楚国，平原君见到楚王之后，跟对方在朝堂上谈判合纵抗秦之事，毛遂和其他十九个门客都在台阶下等着。平原君跟楚王就这样从早上一直说到中午，为了说服楚王，平原君把嘴皮都说干了，可是楚王依然不同意赵国的请求，不愿意派出援军救赵国。

这时候，在台阶下的门客实在是等得不耐烦了，但面对这种情形，他们都不知道该怎么办。大家都对毛遂说："毛先生进去吧，现在就看你的啦！"

只见毛遂不慌不忙地拿着宝剑走上台阶，高声嚷着说道："是否同意合纵，三言两语就能够决定，为什么从早上说到现在，却还没给个说法呢？"

听到有人高声叫嚷，楚王十分生气，便不高兴地问平原君赵胜："高声说话之人是何人？"

平原君说："这是我的门客毛遂。"

楚王一听来的人是个门客，就更加生气了，便对毛遂呵斥道："我和你的主人在商量国家大事，哪里轮得上你这个门客插嘴呢？还不快快给我滚下去！"

岂料，毛遂按着宝剑向前跨出一步，大声说道："你不要以为自己是楚王便能够仗势欺人。你朝我大声呵斥，不过是仗着楚国人多，现在十步之内，你不能依仗人多了。我的君侯在这里，你破口大骂又算怎么回事？"

看到毛遂身上带着剑，又听到他说话十分厉害，楚王心中开始忐忑不安。于是，他转变语气，和颜悦色地对毛遂说："不知道先生有什么高见，请说出来听听吧！"

听了他的话，毛遂说道："楚国有五千多里土地，上百万的甲兵，这是足以称霸的大业啊！没想到秦国一兴起，楚国却屡战屡败，甚至连楚国国君也成了秦国的俘虏，并最终死在秦国。这真的是楚国极大的耻辱！秦国的白起，并不是什么了不起的角色，没什么本事，他带了几万人，一战就打下了郢都和鄢，第二战就烧掉了夷陵，第三战辱及大王的先人，逼得大王迁都。这是百代的深仇大恨呀！楚国的这种耻辱就连我们赵国人都为你们感到羞愧。真没有想到，大王如今却还不想雪耻。说实话，今天我们主人跟大王来商量合纵抗秦的事，并不仅仅是为了我们赵国，更主要的是为了楚国的颜面啊！"

毛遂的这一番话，一句句重重地戳在楚王的心上。听到毛遂这么说，楚王满脸通红，十分惭愧，接连说道："先生说得是，说得是。"

接着，毛遂问："那么，合纵抗秦的事就这么定了吗？"

楚王说："就这么决定了。"

于是，毛遂回过头，让楚王的侍从马上拿来鸡、狗、马的血。毛遂捧着铜盘子，跪在楚王面前说："大王是合纵的纵约长，请您先歃血。"

楚王歃血之后，平原君和毛遂也当场歃了血。楚、赵联盟之后，楚王就派春申君黄歇担任大将军，率领八万大军，奔赴赵国。在楚国和赵国军队的联合攻击下，秦军最终撤退了。

平原君回到赵国之后，十分感慨地说："毛先生的三寸不烂之舌，堪比百万雄师啊！我以后可不敢说自己懂得鉴选人才了。"从此待毛遂如上宾。

谋略感悟

毛遂有把握机会的本领，他能够把握时机，主动出击，让机遇之神垂青自己，从而将自己的智勇胆识在合理的时机充分地发挥出来。

惊弓之鸟

战国末期，为了抵抗实力超强的秦国，各个诸侯国决定联合出兵攻打秦国，并推举楚国的春申君主持抗秦大计。

赵国派遣使者魏加来到楚国，魏加拜见了春申君，便说："您是否已经确定了诸侯联军的统帅呢？"

春申君说："是的，我准备派临武君担任诸侯联军的统帅。"

魏加认为让临武君担任诸侯联军的统帅并不妥当，但又不好直接反对春申君的这一决定。魏加想了想对春申君说："对于这件事，我有一些不同的看法，我想用射箭的事来打个比方，不知您能否准许？"

春申君说："那你说来听听。"

于是，魏加向春申君讲述了下面的故事。

魏国有一位名叫更嬴的射箭高手。有一天，魏王让更嬴跟随他到郊外去游玩。在游玩的过程中，他们看到天空中有一群鸟从他们头顶飞过，而在这群鸟的后边，还有一只掉了队的鸟正吃力地扇动翅膀，追赶它的同伴。见此情形，更嬴便走到魏王面前说："大王，我可以不用箭，只要拉一下弓，就能射下天上飞着的鸟。"

"你竟有这样的本领？"魏王听了感觉十分惊讶，心想更嬴或许在说大话。

更嬴说道："鄙人可以试一试。"

过了一会儿，那只掉队的鸟飞了过来，它飞行的速度远远慢于前边几只鸟，飞得也没有另外几只鸟高。等到这只鸟飞近了一些——他们才发现那原来是一只掉了队的大雁，这时候，更嬴左手托弓，右手拉弦，弦上并没有搭箭。他对着这只正吃力地扇动着翅膀的大雁拉满了弓。只听到"当"的一声，那只掉了队的大雁应声而落。

看到这一幕，魏王极为惊讶，连声称赞道："天下竟真有如此奇事！"接着，魏王便问更羸："你没有用箭，又是如何射下空中飞翔的鸟的呢？"

更羸笑着对魏王说："其实这并没有什么，只是我知道它是一只受过箭伤的大雁。"

听到这儿，魏王感到更加奇怪了，未等更羸说完就急切地问道："它在天空飞着，你又是如何获知它受过箭伤呢？"

更羸对魏王继续说道："我是根据这只大雁飞行的姿势和叫的声音判断出来的。这只大雁之所以飞得很慢是因为它身上有箭伤，每次一扇动翅膀，箭伤就会隐隐作痛，而由于它离开同伴已经很久了，所以会发出悲鸣。旧的伤口隐隐作痛，并未痊愈，加上它又远离了同伴，故而感到十分害怕。因此，当它听到弓弦声响之后，就害怕自己会被弓箭再次射中，于是拼命扑扇着翅膀飞向高处。原本还未痊愈的伤口便裂开了，这让它疼痛难忍，再也无法扇动翅膀，就从空中掉了下来。"

讲完"惊弓之鸟"的故事之后，魏加忽然话锋一转，引入正题："临武君曾经多次和秦军交战，却是屡战屡败，众所周知，他是秦军的手下败将。就好像这只受伤的鸟听见弓弦响一样，临武君见到秦军，肯定十分畏惧，派他担任诸侯联军统帅，难道我们能指望他打赢秦军吗？因此，我认为不应该派遣他率领军队与秦军作战。"

听了魏加的这番话，春申君频频点头，连称魏加言之有理，最终没有委派临武君担任联军统帅去抵抗秦军。

谋略感悟

"惊弓之鸟"这个成语比喻有人在某一件事情上面吃过亏，就总担心会再次发生这样的事情。在战争过程中，主帅领兵打仗，不但要在战术上重视敌人，更要在战略上藐视敌人。因此，一个屡战屡败、畏敌如虎的统帅，是难以率兵打赢对方的。

沽名钓誉

王莽出生于汉元帝初元四年（前45），这个时候，王莽的姑母已经做了四年的皇后。汉成帝刘骜（前51～前7）即位的时候，王莽刚刚13岁。少年时期的王莽就已经胸怀大志，他下定决心，日后一定要位极人臣，让那些总是飞扬跋扈、看不起自己的堂兄弟们知道自己的厉害。

王莽的同宗弟兄们每天无所事事，整日沉浸在声色犬马的生活之中，过着骄奢淫逸的贵族公子哥生活。在这种环境中，他们很难成为治国之才。

由于王莽家过去没有人被封侯，家庭条件和社会地位难以和同宗弟兄们相比，在王家算很不起眼的一支。王莽心里十分清楚，自己想谋取官职，必须依靠真本事，要学到真正的知识，并不断提高自己的名声。为了学到真正的知识，王莽拜沛郡（今安徽宿县西北）名儒陈参为老师，他勤奋学习，刻苦攻读，认真钻研礼经。王莽还以封建礼教严格约束自己，想以此来为自己树立良好的名声。

王莽的父亲和兄长很早就去世了，家中仅留下了守寡的母亲、嫂嫂以及亡兄的儿子。王莽侍奉母亲极其恭谨，对待嫂子也有礼有节，还精心照料并悉心培养亡兄的孩子。这样一来，王莽就得到了孝子的好名声。

但是，王莽深知，仅获得孝子的好名声是远远不够的，他还广泛结交天下名士，对待他们十分礼貌，这些名士便到处宣传王莽知书达理、勤俭、朴素的好品质，并宣称王莽绝对是个人才。自此，王莽温恭贤良的名声越来越大，这使得他和王家弟子很不一样，他的才能和品质逐渐引起了叔父们的关注。他们都认为王莽有才能，是王氏家族的希望所在。

当时，大司马王凤手中掌握着朝中大权，王莽深知，要想被提拔升官，必须赢得叔父王凤的青睐。当时正好王凤生了重病，王莽的其他兄弟认为王凤是个行将就木之人，日后对自己的升官之路再无帮助，所以没有人来看望和照顾他。王莽却如同照顾父亲一般，一连几个月都精心伺候王凤，竭尽孝心，使得王凤对他十分喜爱。在弥留之际，王凤将王莽托付给汉成帝刘骜（太后王政君之子），并在他面前大赞王莽是一代贤才，于是汉成帝便封王莽为黄门侍郎。

这一年，王莽刚刚24岁，也是在这年，王莽的发迹之路正式开始。

王莽的叔父阿平侯王谭、成都侯王商了解到王莽的才能后，也都觉得王莽是王家的希望，因此在太后王政君面前极力称赞王莽是一个品行高尚、颇有才能的人，很多朝中大臣也都纷纷向汉成帝上奏举荐王莽。

永始元年（前16），汉成帝追封王曼为新都哀侯，由王莽承袭爵位为新都侯，封地在南阳新野，享有一千五百户食邑。汉成帝还擢升王莽担任骑都尉光禄大夫侍中，这是当时皇帝的宿卫近臣。对王莽而言，他迈出了人生中极为重要的一步。

这一年，王莽已经30岁。尽管王莽升了官职，但他一点儿都没有为此骄傲自满，对人反而更加恭敬，折节下交，将得到的俸禄都赠予宾客，家中没有留下什么钱财，这时他的名声不但超过了同宗的兄弟们，还远远高过他的叔父们。可见，王莽是一个具有超强自制力的人，为了获得权力，他能够不惜一切，控制着自己的欲望往上爬。

王莽的哥哥王永很早就去世了，他的儿子王光以及他的妻子都由王莽供养。王光拜师读书，王莽特地带了羊、酒等礼物亲自去慰问王光的老师，还将这些礼物赠给和王光一同读书的同学。王莽身居高位，对待他人能够如此谦虚有节，令老师们十分感激。这些教书先生的官职很低，家中穷困，一副寒酸相，一向都没人看得起他们，只有王莽能够礼貌地对待他们。如此一来，教书先生和学生们竞相宣传王莽的品行和美德。

在朝廷中，自王凤死后，继任他大司马职位的是王根，他也是王莽的叔父，后来，王根生了重病，多次向皇帝上书请求卸任。皇帝便让王根推荐大司马的人选。王根就在奏章中保举了王莽，绥和元年（前8），王莽出任大司马，成为西汉朝廷的核心人物。

担任大司马这一重要官职后，王莽并没有大肆挥霍，他的生活依然过得十分俭朴，他聘请远近有名之士，让他们做自己的幕僚，在朝中所获得的赏赐，也都分给他们，而他自己却十分节俭，生活过得和老百姓没什么差别。在待人接物方面王莽也依然谦逊有礼，因此，朝中士大夫没有不称赞王莽的。

有一次，王莽的母亲生病了，朝中的公卿列侯纷纷派自己的夫人和女儿前去探望，这些贵夫人和她们的千金一个个绫罗绸缎，仪态万千。可是，当她们来到王莽府上的时候，却看到一个衣不及地，套裙仅到膝盖，而且色泽暗淡、质地十分粗糙，脸上也脂粉未施的妇人出门迎接她们。起初，她们都以为这是王家的仆人，但是，听她说话的语气又好像是王家的女主人。待她们问明白之后，才知道这个衣着朴素、不施粉黛的妇人乃是王莽的妻子——大司马夫人。这些贵夫人和千金们不禁大吃一惊，王莽家的生活如此俭朴，今日一见，果真是名不虚传。

为了获得更好的名声，王莽还向皇帝上书说自己愿意出百万钱，献田三十顷，交给大司农官，用来救助贫苦的农民，每当有水旱灾荒发生的时候，王莽就宣布全家人改吃素食。

在权力方面，王莽以体恤王政君的健康为名，掌握了州、牧二千石官吏的考核与任命权，从而牢牢控制了从地方到中央的权力。

谋略感悟

也许有人会说王莽是不择手段、沽名钓誉之人。但不得不承认，在升迁之路上，王莽的确是一个很有手段，也很有自制力的人。他知道如何才能获得好名声，并且坚持不懈，几十年如一日，并能让这些好名声成为他升迁之路上的垫脚石。

摔琴求功名

陈子昂是唐朝著名诗人，他在中国诗歌史上占据着重要的地位，这样一个才子，为了求取功名，所用方法和他的诗歌一样与众不同。

陈子昂原本是四川射洪县（现为射洪市）人，为了求取功名，陈子昂离开老家来到京都长安，一住就是十年。虽然陈子昂有着出众的才华，诗歌和文章写得都很好，但是，由于朝中没有人愿意向皇帝引荐他，因而在求取功名的路上，陈子昂四处碰壁，心中颇有怀才不遇之感。

一天，陈子昂在街头闲逛，这时候，他看到街上有一个人手捧胡琴，并以千金出售。周围有很多旁观者，其中不乏达官贵人，他们竞相传看这把胡琴，看来看去，始终没人能够辨别胡琴的优劣，因此没人愿意出高价买此胡琴。这时候，站在一旁的陈子昂忽然灵机一动，走上前去，便对卖琴人说："这把胡琴我买了，你跟我到我家取一千金吧。"听到陈子昂这么说，众人十分吃惊，忙问他为何愿意出这么高价钱买这把不知优劣的胡琴。

陈子昂说："我擅长弹奏胡琴。"

周围有好事之徒不相信他的话，嘲讽地问："我们能听听你弹奏胡琴吗？"

听到他的挑衅，陈子昂十分爽快，立刻就答应，说道："当然可以。我住在宣阳里，明天我会在家中备好酒宴，静候各位大驾光临，不但众位君子可以去听我弹奏胡琴，还可邀请当今有名望的人士一同前来。"

第二天早晨，陈子昂的家中就围满了人，其中包括很多极负盛名的达官贵人。陈子昂大摆宴席，在家中备好精美的礼物招待来客。在宴会结束后，有人起哄说："陈子昂，快点儿让我们见识一下你弹奏胡琴的水平吧。"

这时候，陈子昂拿来了胡琴，众人都以为他要开始弹奏胡琴了，全都洗耳恭听。

岂料,陈子昂站起来愤愤地说:"我虽没有二谢(南朝诗人谢灵运和谢朓,开创一代诗风)之才,但也有屈原、贾谊之志,自从我离开蜀地,来到京城,带着所写诗文百轴,四处求告,竟然没有遇到赏识之人。这种乐器乃是那些低贱乐工所用之物,吾辈又怎么能去弹奏它呢!"

说罢,用力一摔,花费千金买来的胡琴顿时被陈子昂摔得粉碎。还没等众人反应过来,陈子昂便拿出诗文,赠送给众人。众人都被他的这一言行震惊了,看他的诗作工巧,便争相传诵,一日之内,陈子昂就名满京城。

不久,陈子昂高中进士,官至麟台正字,转右拾遗。

谋略感悟

陈子昂摔千金之琴以求取功名,是故作惊人之举来吸引众人对他的关注。用一个耳熟能详的词来说,就是"炒作"。在当今这个社会,一个人虽有满腹才华,但无人知道就是毫无用处的。而那些聪明人,他们知道如何通过自我宣传,提高自己的知名度,从而实现自己的抱负和理想。

男儿当自强

北宋康定元年（1040），韩琦和范仲淹先后来到陕西出任边帅，有人向他们推荐当地一个叫狄青的军官，英勇善战，颇有大将风范。这时候，范仲淹手下刚好需要将才，听到这番话，对狄青十分感兴趣，于是便让部下详细说说狄青的事迹。

狄青原本是京城禁军里的一个普通兵士，他从小就十分勤奋，刻苦练习骑射，无论大小事全都严格要求自己，练得一身武艺，骑马射箭，样样精通。再加上他这个人很有胆量，又有千斤之力，后来便被提拔做了一名小军官。

西夏的元昊称帝之后，宋仁宗便派京师的禁军到边境去防御西夏的进攻，这时候，狄青被派到了陕西保安（今陕西志丹）。

没多久，西夏的军队就开始猛攻陕西保安。把守保安的宋军曾经多次被西夏的军队打得落花流水，兵士们一听要同西夏的军队作战都十分忐忑。为了这件事，守将卢守勤十分发愁。这时候，狄青主动请求担任先锋，率兵抗击西夏军。

卢守勤看到狄青愿意当先锋，心中当然很高兴，于是就派给他一支队伍，去抵抗前来进犯的西夏军。

每次上阵，狄青都会先换一身打扮。他打散自己的发髻，披头散发，头上戴着一个铜面具，仅露出两只炯炯有神的眼睛。在对敌过程中，狄青手持长枪，率领军队带头冲进敌阵，东挑西杀。自从进犯宋朝国境以来，西夏的兵士从来没有遇到过像狄青这么厉害的对手。因此，当他们看到狄青这副打扮时，就已经胆战心惊了。狄青率领宋军横冲直撞、奋勇杀敌，西夏军阵脚大乱，节节败退，狄青率兵斩将夺关，先后攻克金汤城、宥州等地，烧毁西夏粮草数以万计。

狄青率兵击败西夏军的消息传到朝廷，宋仁宗十分高兴，便提升了卢守勤的官职，狄青的官职也连升四级。宋仁宗还想将狄青召回京城，亲自接见他。后来，由于西夏军队再次进犯渭州，宋仁宗派遣狄青率兵前去抵抗，不得已便放弃了召见狄青的打算。宋仁宗只能派人给狄青画了肖像，再递送到朝廷。

之后的几年时间里，西夏军队不断在边境各地进犯宋国国境，搞得各地老百姓不得安宁。在这段时间里，狄青共参加了二十五次大大小小的战役，其间受过八次箭伤，但他从来没有打过一次败仗。一次攻打定远，狄青身负重伤，但听到西夏军来袭，立刻奋力而起，再次跃马冲锋，以至于西夏兵士一听到他的名字，就吓得胆战心惊，不敢与之交锋。

听到部下所讲的狄青事迹，范仲淹便立刻派人找来狄青。见到狄青之后，范仲淹问他读过什么书。狄青乃是兵士出身，认识的字不多，让他说自己读过什么书的话，他还真答不上来。

范仲淹劝他说："你现在是个将官了。做将官的如果不能博古通今，仅靠自己的勇敢是不行的。"接着，范仲淹便推荐狄青读《左传》。

看到范仲淹如此热情地鼓励自己，狄青心中十分感激。在之后的日子里，狄青便利用打仗的闲暇时间发愤读书。过了几年，狄青熟读秦汉以来名将的兵法，屡立战功，官职不断地得到提升，名声也更大了。后来，宋仁宗将狄青调回京城，担任马军副都指挥使。

当时，宋朝有个十分残酷的制度。为了防止兵士开小差，便在兵士的脸上刺了字。当年，狄青身为一个小兵的时候，脸上也被刺过字，过了十多年，尽管狄青当了大将，脸上依然留着黑色的字迹。

有一次，宋仁宗召见狄青，认为他身为朝中一名大将，脸上却刺着黑字，很不体面，便让狄青回家后在脸上敷上药，将脸上的黑字除掉。

狄青说："陛下不嫌弃我出身低微，因为我所取得的战功而把我提升到今天的这个位置，我心中十分感激。至于我脸上的这些黑字，我想留着，因为，兵士们见到我脸上的字，知道我的出身，便会更加努力，更加上进！"

宋仁宗听了狄青的这番话，更加赏识他，皇祐四年（1052），提拔狄青为枢密副使，相当于北宋全国军队的副总司令。

后来，由于狄青多次立下汗马功劳，宋仁宗提拔他为掌握全国军事的枢密使。狄青本是一个小兵出身，如今却当上枢密使，以武官而为枢密使，这在以文制武的北宋历史上是十分罕见的。当时，朝中有些大臣嫌弃狄青出身低，纷纷上书劝宋仁宗不要将狄青提到如此高的职位。但那时，宋仁宗正在重用国家将才，没有理睬大臣们的意见。

狄青当了枢密使之后，朝中总有人觉得狄青卑微的出身和他今天的高位十分不相称。有一天，一个自称是唐朝名相狄仁杰后代的人，拿了狄仁杰的画像，送给狄青说："您不也是狄公的后代吗？不如认狄公作祖宗吧！"

听他这么说，狄青谦虚地笑了笑，说道："我原本就是个出身低微之人，仅仅是运气好，偶然碰到机会才能到今天的高位，我又怎么敢高攀大名鼎鼎的狄公呢？"

听狄青这么说，这个自称唐朝名相狄仁杰后代的人自愧不如。

谋略感悟

古往今来的英雄人物大都出身寒微，但是，他们从来没有因为自己的出身而自卑或是停止奋斗。正所谓"不经一番寒彻骨，怎得梅花扑鼻香"。如同狄青一样，他们都靠着自身的胆识谋略，不断地学习，努力提升自身水平，最终成为人人敬仰的有名之士。

丞相问牛喘

西汉宣帝刘询（前91～前48）时期，朝廷中有一个十分有名的丞相，名叫丙吉。

丙吉原本是鲁国的治狱小吏，但是，他身上没有西汉时期酷吏身上那种"刻削少恩"的习气。实际上，丙吉是一个出身寒微的读书人，他"学《诗》《礼》，皆通大义"。身为朝廷官员的丙吉向来都以宽厚而闻名。

在汉武帝刘彻（前156～前87）时期，丙吉被调到长安去处理"巫蛊之祸"的案件，这件大案令皇后、太子、皇孙以及数以万计的人惨死，丙吉奋不顾身保全了身陷囹圄的皇曾孙（就是后来的汉宣帝刘询），这为他日后的发展积累了政治资本。后来，虽然丙吉身居高位，但是他身上丝毫没有傲慢之气，对人对事依然十分宽厚，史称"吉为人深厚，不伐善"，也就是说丙吉这个人为人非常厚道，从来不向他人夸耀自己的善行，以至于人们不了解他的功劳。

后来，直到丙吉当了丞相，也依然如此，他常常体恤下情，与人为善。《汉书·丙吉传》载：丙吉"上（尚）宽大，好礼让"，"于官属掾吏，务掩过扬善"。当时，丙吉对部下小吏都十分包容，汉朝丞相不查办小吏，就是丙吉担任丞相时期所形成的惯例。

有一次，丙吉外出巡视，刚好在路上遇到了因清道（为皇帝外出清除道路，驱赶行人）而发生的斗殴事件。这起斗殴事件的场面极为惨烈，当时，路上横七竖八地躺着死伤之人，就连随行的官员见此情形都为之动容。岂料，丙吉从那儿经过的时候看都不看一眼，一句话都没问。同行官员看到素来很有体恤之心的丙吉对此视而不见，继续前行，感到十分奇怪，心中觉得丙吉的做法非常不合情理，但又不敢问他原因，只得跟在他后边继续前行。

走着走着，他们来到另外一个地方，迎面碰到一个农夫赶着一头牛拉着车，只见拉着车的这头牛累得气喘吁吁，浑身上下汗淋淋的。这时候，丙吉忙让车夫停下车子，派侍卫去追问赶牛的人："老伯，不知道你赶着这头牛走了多远的路啊？"看到丙吉这么做，陪同的官员都觉得他的这个做法莫名其妙，为什么刚才在路上看到那么多死伤的人都置之不理、不闻不问，现在却对着一头气喘吁吁的牛问东问西，真是让人一头雾水，难不成，一头气喘吁吁的牛比那么多人的性命和安危更加重要吗？

于是，随同的人壮着胆子问丙吉道："丞相，您公务繁忙，刚才路边看到那么多死伤之人您都没有过问，为什么现在却要亲自过问一头气喘吁吁的牛呢？"

听他们这么问，丙吉看了看他们，然后意味深长地对他们说："老百姓互相斗殴而导致有人死伤，这种事情本是地方官员的职责，他们可以去调查审理。而身为当朝丞相，我实在没有精力去一一过问这些本属于地方官员负责的事情。我所需要做的，就是对他们的政绩加以考核评定。因此，刚才走过的那条路，当地老百姓在那里发生聚众斗殴事件，我虽然看到了死伤的场面但并没有过问。而现在的情况有所不同，如今是春天的时节，按道理来说，天气不应该很热，那头牛却气喘吁吁的。我之所以问那头牛走了多远，是因为我担心那头牛没有走多远就气喘吁吁是天气太热的缘故。刚到春天天气就这么热，一点儿都不符合节气的征兆，那一定是时令失调，如此反常的气候会给农作物和老百姓带来巨大灾害。一头牛的喘息是小事，时令失调却是影响整个国家农业生产和老百姓生活的重大事件。身为一朝丞相，对于这方面的事情，我自然要做到心中有数，并搞清楚这些关系国计民生的根本问题。因此，看到这头气喘吁吁、大汗淋漓的牛，我就不能不过问了。"

听到丙吉的这番话，随行的官员顿时心服口服，十分佩服他处理政事的智慧和贤明。

后来，在丙吉担任丞相期间，朝廷上下各级官员的权责都十分分明，官员们的办事效率也很高，将政务处理得井井有条。

在丙吉的辅佐之下，汉宣帝刘询在位时期，国力变得日渐强盛，社会风气逐渐好转，刑狱案件日益减少，老百姓安居乐业，历史上这段时期被称为

"昭宣中兴"。

> **谋略感悟**
>
> 身为一朝丞相,丙吉对群众斗殴场面不管不问,这并不是因为他对老百姓的生命安危漠不关心,是因为这些事情自有当地的官员负责,自己身为丞相无须过问;而他对于气喘吁吁的牛这样一个小细节却要亲自过问,是因为这一细节背后所反映出的节令失调会影响到整个国家的农业生产和老百姓的生活。

机智救父

隋炀帝杨广是个无道昏君。当时，朝中有一个奸臣素来和大臣李渊关系不和，便想借隋炀帝之手除掉李渊。于是，这个奸臣便投隋炀帝之所好，提出让李渊在一百天时间内，为隋炀帝修建一座富丽堂皇的宫殿，如果不能按时完工，就将李渊处死。

圣旨传到李渊的住处，李渊就知道是这个奸臣想要借隋炀帝之手除掉自己。他也深知，一百天的时间里如何修得好一座宫殿呢？但是，圣旨已经下来了，身为朝廷之臣，他又怎敢违抗圣旨呢？他不禁叹气，看来这次真的是死到临头了。

这时候，他的次子李世民却对父亲说道："在一百天的时间内修建一座宫殿是不可能的事，但是，我认为，既然修不成大宫殿，我们就修一个小的。只要宫殿的布局符合皇帝的要求就行了。我认为修造宫殿的关键在于人，重赏之下必有勇夫，只要我们肯出重金网罗人才，那么，能够完成这一任务的人才肯定是能找到的。"

李渊觉得李世民的话很有道理，于是便派人四下寻访、广贴告示，招纳京城内外的能工巧匠，由于所出的费用很高，能工巧匠纷纷来到李渊的官邸，愿意参与到宫殿的兴建之中。果然，不到一百天的时间，在众多能工巧匠的共同努力下，这座宫殿修建成功了。虽然这座宫殿并不大，但精致工巧、富丽堂皇，十分符合隋炀帝的心意。

可是，那个企图害死李渊的奸臣依然不死心，他继续向隋炀帝进谗言道，宫殿乃是李渊早已修建好了的，可见，李渊企图谋朝篡位之心真是昭然若揭。听了奸臣的话，隋炀帝勃然大怒。

宫殿修好还没有几天，隋炀帝便派人去召李渊来见他。李渊还以为隋炀帝对宫殿十分满意，便喜滋滋地入朝觐见。岂料，隋炀帝见到他厉声问道：

"李渊，你真是胆大包天，竟然敢欺骗我，一百天的时间里怎么可能修建好这座宫殿呢？听说这座宫殿是你自己早就建好想自己用的，听说你还有谋朝篡位之心。来人呐！把他给我推出去斩了！"

李渊知道这次肯定又是那个奸臣向隋炀帝这个昏君进了谗言，连声高喊"冤枉"。突然，殿下传来一声高喊："陛下，冤枉！请刀下留人。"

原来，李世民回到家中听说父亲又被隋炀帝宣入宫里，便知大事不妙，于是赶紧追了过来。隋炀帝看到朝堂之下乃是一个少年，不禁感到十分奇怪。于是，隋炀帝下令让兵士停止行刑，并叫李世民前来问话。

李世民跪下叩拜，先是自报了身世姓名，然后说道："陛下，我的父亲是冤枉的。这座宫殿乃是我和父亲一起监造的，的的确确是在一百天时间内建造好的，陛下如果不相信，可以亲自前去查验。"

"那么，你有什么证据证明它是刚刚才建好的呢？"

李世民说道："恳请陛下派人到宫殿上拔钉验锈、揭瓦验泥。刚刚建好的宫殿所用钉子是没有生锈的，瓦泥也是潮湿的。假如这座宫殿是早就建好的，那么，钉子上肯定早已生了锈，瓦上也会生霉斑。"

听了李世民的这番话，隋炀帝立刻派人前去查验，来人回报，宫殿的钉子上果然没有生锈，瓦上没有霉斑，泥土也是湿的。这就表明这座宫殿确确实实是刚刚建好的。于是隋炀帝重赏了李渊父子，同时还重重处罚了那个进谗言的奸臣。

谋略感悟

李世民是一个聪明人，他知道要想救父亲，仅靠辩驳是毫无用处的，这时候，关键是要靠证据说话。李世民正是依靠关注钉子上的锈、瓦片上的泥这样的小细节，才顺利救了父亲。

谨小慎微的吴越王

从朱温建立梁朝开始的五十多年里，中原地区先后更换了五个短暂的王朝——梁、唐、晋、汉、周（为了跟之前相同名称的王朝相区别，历史上将它们称为后梁、后唐、后晋、后汉、后周），这些王朝合起来被称为"五代"。

五代时期，在南方和巴蜀地区，还分布着很多割据政权，他们在这些地方称王称帝，前前后后共建立了九个王国（前蜀、吴、闽、吴越、楚、南汉、南平、后蜀、南唐），再加上北方建立的北汉，一共是十国。因此，在历史上，五代时期又被称为"五代十国"时期。

朱温即位没多久，镇海节度使钱镠先是派人来东京（今河南开封）祝贺，表示愿意向其称臣，朱温听到后十分高兴，便马上下令封钱镠做吴越王。

钱镠原本出身贫微，他年轻的时候做过盐贩，后来又来到浙西镇董昌那里，在其手下担任一名部将。黄巢起义军攻打浙东的时候，仅仅靠着一小股兵力，钱镠保住了杭州。唐王朝认为钱镠立下了赫赫功劳，封其为都指挥使，之后，钱镠又被提拔为节度使。

当上节度使后，钱镠竟然变得阔绰起来。他在西府（今浙江杭州）为自己建起了一座富丽堂皇的宫殿，出门的时候，无论是坐车还是骑马，身边都有兵士护送。对于他的这种作风，钱镠的父亲非常不满意。每次，当他听到钱镠要出门，就有意避开，不和他见面。

钱镠也知道父亲是有意避开他，心中十分忐忑。有一次，钱镠没有乘坐马车，身边没有随从跟着，步行来到父亲家中，问父亲究竟为什么回避不见他。

听钱镠这么问，他的父亲说："我家世世代代都是靠打鱼种庄稼为生的，从来没出现过什么有才能、有权势的人。如今，你做到这个官职，周围都是与你敌对的人，你还要跟人家争夺城池。我担心今后我们钱家会遭受大难。"

听父亲这么说，钱镠沉思良久，之后，他向父亲表示，日后一定谨记父亲的教诲。

从此以后，钱镠为人处世都小心翼翼，只求保住这块割据地区。

当时，吴越是个小国，北方的吴国比吴越要强大很多，因此，吴越国经常遭受吴国的威胁。

由于长期生活在动荡的环境中，钱镠养成了一种保持高度警惕的习惯。每天夜里睡觉，为了不让自己睡得太熟，钱镠就用一段圆滚滚的木头当作枕头，并起名为"警枕"，每当他倦了的时候，就靠着它休息；熟睡的话，当木头滑下来，人也会有所察觉，便会惊醒过来。钱镠还将一个盛着粉的盘子放在卧室中，每当他在夜间想到什么事儿，会立即起身在粉盘上记录下来，以免白天将其忘记。

钱镠不但对自己要求严格，时时保持警惕，他对手下的将士要求也都十分严格。每天晚上，在钱镠的住所周围，会有兵士值更巡逻。有一天晚上，值更的兵士坐在墙脚边上打起了盹儿。忽然，隔墙飞来几颗铜弹子，正好掉在兵士身边，这下可把兵士吓坏了，从梦中惊醒过来。后来，这些兵士才知道，原来铜弹子是钱镠从墙那边打过来的。从此以后，值更巡逻的时候，兵士们再也不敢打盹儿了。

又有一天晚上，钱镠穿了便服，从北门进城。当时，城门已经关闭了。钱镠在城外高声呐喊，要管门的小吏给他开门，岂料，管门的小吏对他置之不理。钱镠恐吓他道："我是大王派出去办事的，现在急着要回城，如果你耽误了大王的事，小心你的脑袋。"听了他的威胁，小吏不为所动，说道："夜深了，不要说你是大王派来的人，就是大王亲自过来，这门也不能开。"

后来，钱镠在城外绕了半个圈子，从南门进了城。第二天，钱镠派人召来看管北门的小吏，连连称赞他做事认真，并给予他重赏。

就是靠着这份小心谨慎，钱镠得以保持自己在吴越的统治地位。此时正处于五代十国的军阀混战时期，北方百姓遭受着战乱和兵灾的惨烈破坏，而吴越国虽然小，但是由于钱镠坚持施行"保境安民"的国策，长期未曾遭受战争的破坏，经济有了很大的发展，此地也渐渐繁荣起来，出现了国泰民安的景象。

谋略感悟

　　古人云，"小心驶得万年船"，尤其在现代社会，人与人之间的竞争变得日益激烈，因此，为人处世更要小心谨慎。从小处着眼，在细节之处下力气，只有这样，才能够保证自己不会因犯低级错误而导致事业的失败。

第三章 权谋卷

中国历史上有很多充满谋略与智慧的人物，而在他们无尽的智谋中，阳谋与阴谋同样璀璨。阳谋，以其巧妙设计、利用人性弱点而成为人们讨论的焦点。有人视权谋如蛇如蝎，就有人视权谋如亲如友，古往今来，视权谋如掌中宝鉴、房中秘宝的人同样数不胜数，这类人往往身在高位，以领导和统治者的形象出现。政治谋略是一门政治科学，它是政治家充分张扬智力、个性和气度，以词锋相争，以智谋相夺，从而达到自己政治目的的智慧。

楚庄王的为政之道

在楚庄王即位之前，楚国的内政可谓经历了长期的混乱。楚庄王的祖父楚成王意图争霸中原，被晋国在城濮之战中打败，不久又祸起萧墙。起初，原定商臣为太子，但不知怎的，楚成王居然发现商臣眼如黄蜂，声如豺狼，生性残忍，因此想改立王子职为太子。为了把事情弄清楚，商臣故意设宴招待姑母，席间又轻侮姑母。商臣的姑母果然愤怒地说："怪不得你父亲要杀了你另立太子！"因为楚成王遇事总与妹妹商量，所以，商臣认为姑母的话证实了传言。

商臣连忙向老师潘崇问计，潘崇问："你愿意事奉王子职吗？"商臣说："不愿。"又问："你能逃出楚国吗？"回答说："不能！"潘崇最后问道："你能成大事吗？"商臣坚定地说："能！"

公元前262年，商臣率领宫廷卫队冲进成王的宫殿，成王喜得熊掌，这时红烧的熊掌尚未烧熟，成王请求等吃了熊掌再杀他，商臣说："熊掌难熟。"他怕夜长梦多，外援到来，就催促成王上吊自杀，自己即位为楚穆王。穆王在位十二年，死后由其子侣即位，是为楚庄王。

楚庄王即位时很年轻，即位之始，他并未像其他新君上任那样雷厉风行地干一些事情，而是不问国政，只顾纵情享乐。他有时带着卫士姬妾去云梦等大泽游猎，有时在宫中饮酒观舞，浑浑噩噩，无日无夜地沉浸在声色犬马之中。每逢大臣们进宫汇报国事，他总是不耐烦地回绝，任凭大夫们自己处理。他根本不像个国君，朝野上下都拿他当昏君看待。

看到这种情况，朝中一些正直的大臣都感到十分着急，许多人都进宫去劝谏，可楚庄王不仅不听劝告，反觉得大臣们妨碍了他的兴趣，对这些不着边际的劝告十分反感。后来他干脆发了一道命令：谁再来进谏，杀无赦。

三年过去了，朝中的政事乱成一团，但楚庄王仍无悔改之意。大夫伍参忧心如焚，再也忍不下去，冒死去晋见楚庄王。来到宫殿一看，只见纸醉金迷，钟鼓齐鸣，楚庄王左手抱着郑国的姬妾，右手搂着越国的美女，案前陈列美酒珍馐，面前是轻歌曼舞。楚庄王看到伍参进来，当头问道："你难道不知道我的命令吗？是不是来找死呢？"

伍参抑制住慌张，连忙赔笑说："我哪敢来进谏，只是有一个谜语，猜了许久也猜不出，知道大王天生聪慧，想请大王猜一猜，也好给大王助兴。"

楚庄王这才平静下来，说道："那你就说说看。"

伍参说：

高高山上，

有只奇怪的鸟，

身披鲜艳的五彩，

美丽又荣耀，

只是一停三年，

三年不飞也不叫，

人人猜不透，

实在不知是只什么鸟……

当时的人喜欢说各种各样的谜语，称作"隐语"，这些"隐语"往往有一定的寓意，不像今天的谜语这样单纯。因此，人们多用这些"隐语"来讽谏或劝谏。楚庄王听完了这段话，思考了一会儿说：

三年不飞，

一飞冲天。

三年不鸣，

一鸣惊人。

此非凡鸟，

凡人莫知。

伍参听后，知道庄王心中有数，非常高兴，便趁机进言道："还是大王的见识高，一猜就中，只是此鸟不飞不鸣，恐怕猎人会射暗箭哪！"

楚庄王听后身子一震，随即叫他下去了。

伍参回去后就跟大夫苏从商量，认为庄王不久即可觉悟。没想到几个月过去了，楚庄王仍一如既往，不仅没有改过，还越发不成体统了，苏从见状不能忍耐，就闯进宫对庄王说："大王身为楚国国君，即位三年，不问朝政，如此下去，恐怕会像桀、纣一样招致亡国灭身之祸啊！"

庄王一听，立刻竖起不逊眼，露出一副暴君的形象，抽出长剑指着苏从的心窝说："你难道没听到我的命令，竟敢辱骂我，是不是想死？"

苏从沉着从容地说："我死了还能落个忠臣的美名，大王却落个暴君之名。如果我死能使大王振作起来，能使楚国强盛，我甘愿就死！"说完，面不改色，请求庄王处死他。

楚庄王等待多年，竟无一个冒死诤谏之臣，他的心都快凉了。这时，他凝视了苏从几分钟，突然扔下长剑，抱住苏从激动地说："好哇，苏大夫，你正是我多年寻找的社稷栋梁之臣！"

楚庄王说完，立刻斥退那些惊恐莫名的舞姬妃子，拉着苏从的手交谈起来。两人越谈越投机，竟至废寝忘食。

苏从惊异地发现，庄王虽三年不理朝政，但对国内外事无巨细都非常关心，对朝中大事及诸侯国的情势了如指掌，对于各种情况也都想好了对策。这一发现使苏从不禁激动万分。

原来，这是庄王的韬光养晦之策。他即位时十分年轻，不明世事，朝中诸事尚不明白，也不知如何干，况且人心复杂，尤其是若敖氏专权，不明其虚实，他更不敢轻举妄动。无奈之中，他想出了这么一个自污以掩人耳目的方法，静观其变。在这三年中，他默默考察了群臣的忠奸贤愚，也测试了人心。他颁布劝谏者死的命令，也是为了鉴别哪些是甘冒杀身之险而正直敢言的耿介之士，哪些是只会阿谀奉承，只图升官发财的小人。如今，三年过去，他年龄已长，经历已丰，才干已成，人心已明，也就露出庐山真面目了。

第二天，他就召集百官开会，任命了苏从、伍参等一大批德才兼备的大臣，公布了一系列法令，还采取了削弱若敖氏的措施，并杀了一批罪大恶极的犯人以安定人心。从此，这只"三年不鸣"的"大鸟"开始励精图治，争霸中原，终于成为春秋五霸之一。从其所作所为及对霸业的认识水平来看，都应该算是首屈一指的。

楚庄王的韬光养晦并非在遭到失败与挫折时才被迫进行的，而是为了更好地掌握未来而主动进行的，这尤其需要耐心、修养、智谋和胆识。

谋略感悟

在中国历史上，像楚庄王这样做的人不算太多，但这足以给我们提供一个有益的启示：即使在一帆风顺的时候，也要注意使用各种方法增长自己的见识，砥砺自己的才能。

商鞅立木取信

战国前期，和地处中原的六个诸侯国相比，地处西部边陲的秦国国力较弱。当时，魏国和秦国相邻，自从魏国崛起成为新兴强国之后，秦国屡次遭到魏国的攻打，秦国河西地区的大片土地尽被魏国掠去。

公元前362年，秦孝公即位，秦孝公是一位很有抱负的国君。他感受到了秦国的危险处境，决心发奋图强，改变秦国的现状。正所谓国家的富强离不开人才，秦孝公也深知这一点，于是，他一即位就发布了一道招纳贤才的告示："不论是秦国人，还是其他诸侯国的人，只要有真才实学，能够让秦国变得富强，都将委以重用。"

秦孝公的这个招贤令发布之后，吸引了很多有才干的人来到秦国，其中就包括商鞅。商鞅是战国时代卫国人，本姓姬，由于他是卫国国君的后裔，所以有人称他为卫鞅，后来他受封于商，便被称为商鞅。商鞅从小就十分喜欢钻研法家学说，他看到卫国弱小，难以施展自己的才华，于是就跑到魏国，在一个公卿家做门客，但他并未受到重用。后来，商鞅听说秦孝公广纳贤才，便立刻投奔秦国，并得到了秦孝公的热情召见。

在朝见秦孝公的时候，商鞅说道："一个国家只有变法维新，才能够国富民强。若想让老百姓生活富足，就应当以农业为根本，发动一切力量来发展农业。此外，还应该训练出一支英勇善战的军队，并对那些在战场上杀敌立功的将士予以重奖。"秦孝公听完商鞅的话，十分赞赏，于是，就任命商鞅为左庶长，主持秦国的变法。

经过反复的思考和酝酿，商鞅最终制定出把百姓按五家为保、十保相连之法编入户籍，奖励军功、耕战等一系列法令。商鞅决心要借着秦孝公给予的权力，在全国广泛推行以上法令，但是，如何才能够让秦国百姓相信有令必行、赏罚必信呢？

商鞅想出了一个好办法。他让人在国都咸阳城的南门处立起一根长三丈的直木，同时贴出告示，声称如果有谁能将这根木头扛到咸阳城北门，就赏给他十镒黄金。商鞅发布的这个消息很快就传遍了咸阳城的大街小巷，人们听到这个消息之后，纷纷跑去观看。但是，他们认为将一根木头从城南搬到城北，就能拿到如此多的赏金，肯定是不可能的，老百姓都认为商鞅这是在跟大家开玩笑。因此，尽管大家对着告示议论纷纷，却并没有人这么做。

几天之后，商鞅看到大家都知道了这件事，于是又贴出另一张告示，上边写着："谁将这根木头扛到咸阳城北门，就赏给他五十镒黄金。"告示一贴出来，整个咸阳城炸开了锅，人们都对这一消息感到十分惊讶，但是，大家还只是旁观，并没有人去扛这根木头。最终，人群中一个年轻力壮的小伙子说："我来试试看。我现在去把那根木头给搬走，要是官府赏钱的话，就说明他们十分讲信用，以后咱们就听他们的话；如果他们不按告示上说的做，那就说明他们言而无信，是在愚弄老百姓。以后他们再有什么号令，我们尽可以不理。"说毕，这个小伙子就扛起那根木头来到了北门。

他的这一举动很快被看守城门的官吏报告给了商鞅，商鞅听到这一消息后，马上命人赏给那个年轻小伙子五十镒黄金，并趁机对围观的老百姓说："我们秦国最重信誉，今后凡是官府颁布的法令，照办者必有赏赐。"

那位年轻小伙子看自己果然拿到了五十镒黄金，十分高兴，一边向周围的人炫耀自己得来的金子，一边说道："看来官府还是讲信用的啊！"从此，这件事一传十，十传百，不久就传遍了整个秦国，由此，商鞅下令在全国推行变法。法令颁行之后，秦国上下没有不遵从的。

谋略感悟

在生活中，诚信是评价一个人道德好坏的重要标准。同样，在治理国家方面，"民无信不立"乃是治国的根本原则之一。通过商鞅立木取信这个故事，我们可以发现，若要树立威信，必须言而有信，不仅要言必信，还要行必果。

汉文帝远周勃

周勃是秦末汉初的军事家和政治家、西汉开国功臣，刘邦封周勃为绛侯。

后来，因平诸吕之乱有功，绛侯周勃受封为右丞相。汉文帝十分礼遇这位开国功臣，罢朝的时候还经常亲自将他送出殿门，以表示对他的尊敬。最初，周勃对于汉文帝的这种特殊对待还感到不好意思，但日子久了，他就习以为常了，甚至认为汉文帝就应该这么对待自己，有时候还对汉文帝有点儿不太恭敬。中郎将袁盎看到这种情形，便对汉文帝说道："陛下觉得丞相周勃是哪一类臣子呢？"

汉文帝答道："丞相周勃乃社稷重臣。"

袁盎继续说道："臣以为绛侯乃国家之功臣，而非社稷之重臣。"

汉文帝对于他的这种说法感到极为困惑，便问道："这有什么分别呢？"

袁盎说道："所谓社稷之臣，人主在位时与之共制法度，协理天下，人主即使去世，法度依然存在，则应当奉行以安社稷。绛侯周勃曾经与高祖共誓：非刘氏宗亲不得封王。然而吕后当政时诸吕专政，擅自封王，当时绛侯周勃身居太尉之职，执掌兵权，却没有登高疾呼、匡扶社稷。等到吕后去世，刘氏子弟和朝中大臣又背叛吕后，而绛侯周勃恰恰执掌兵权，适逢这个机会才能成就如此伟业。因此说，绛侯周勃只能算是功臣，而不是社稷之臣。"

汉文帝听完袁盎的话，若有所思地点了点头，说道："你说得有道理。但是，无论是社稷重臣，还是国家功臣，丞相都是难能可贵的良臣，因此我向来都十分尊敬丞相。"

袁盎说："陛下敬重绛侯周勃天下皆知，无人不称赞陛下礼遇贤才，实乃国家之大幸。只是，根据我的观察，陛下对丞相愈是尊重，丞相的态度反而愈是傲慢。如此一来，陛下礼贤下士的做法反而造成骄臣僭越之举，这些是否应该有所取舍呢？"

听了袁盎的话，汉文帝深以为然。于是，从第二天起，汉文帝上朝的时候神色庄严，言行沉稳，一切举止都合乎君主的身份和礼制。周勃发觉汉文帝的态度和以前有很大的不同，以前那自高自大的傲慢态度不禁有所收敛，变得毕恭毕敬起来。朝中文武百官看到最蒙圣上眷宠的丞相都对汉文帝毕恭毕敬，从此变得更加敬畏天威，不敢有丝毫僭越法度之处。

谋略感悟

一个领导者如果没有威仪，就会被下属轻慢。在上述故事中，周勃之所以能够在汉文帝面前如此傲慢，关键就在于天子的威仪没有树立起来。

明太祖巧计立威

朱元璋是明朝的开国皇帝，在中国历史上，他和汉高祖一样，是平民出身的皇帝。他率领农民起义军，平定天下，建立了明朝。在群雄四起争夺天下的乱世里，朱元璋由普通的士兵到最后登上帝王的宝座，他的种种经历显得极不平凡，也更多了一分传奇色彩。他以自己的智慧和谋略，取得了万里江山。

明太祖朱元璋，字国瑞。他的祖籍是江苏沛县，几经迁徙，到了父亲朱世珍这辈才迁徙到濠州（今为安徽凤阳）的钟离县（古县名，位于安徽）。朱世珍生了四个儿子，朱元璋最小。母亲陈氏刚怀朱元璋的时候，做梦梦到一位神仙给她一粒药丸，放在手掌中闪闪发亮，她就吞了下去。醒来之后，还口有余香。到了分娩的时候，只见红光满室。自此之后，夜里曾经多次有亮光闪现。邻里乡亲看到，十分惊恐，以为是着了火，每次跑来救火，到了跟前却发现没有着火。等到长大的时候，朱元璋英姿雄伟，奇骨贯顶，志向之远大让人难以猜度。

至正四年（1344），由于旱灾和蝗灾，他的家乡发生了一场严重的饥荒、瘟疫，灾难也降到了朱元璋家。当时朱元璋17岁，他的父母兄长相继命归黄泉，家里一贫如洗，无法将他们埋葬。后来，多亏乡人刘继祖给了他一块土地，才得以将亲人下葬，这就是凤阳的皇陵。朱元璋孤苦伶仃，走投无路之时就进了皇觉寺为僧。一个多月后，他便被长老打发到合肥当游方僧去化缘，实际上是过一种逃荒讨饭的日子。不幸的是，他在路上生了病，这时有两个紫衣人伴随他左右，悉心地看护他。病好之后，紫衣人就不知去向了。此次出行，他到过光、固、汝、颍诸州，饱尝三年艰辛的化缘生活后，他又回到了皇觉寺。

化缘的生活十分艰苦，在这一过程中，朱元璋饱受风霜之苦，受尽了磨难，但也开阔了眼界，增长了见识。

在这一时期，元朝政事紊乱，盗贼四起。朱元璋发觉继续留在皇觉寺迟早会遭受兵祸。于是，他进入濠州，拜见郭子兴。郭子兴看他相貌不凡，便留他做亲兵。朱元璋当然也不负郭子兴的期望，打仗总是获胜。

至正十五年（1355）正月，郭子兴采用朱元璋的计谋，派张天祐等攻克了和州（今安徽省马鞍山市和县）。战后，郭子兴升任朱元璋为统率和州兵马的总兵官。

朱元璋深知，和州是郭子兴的妻弟张天祐打下来的，在军队中，张天祐的资历比朱元璋深，年龄又比朱元璋大。此时，年轻、资历浅的朱元璋被任命为和州总兵官，不仅张天祐心里不服，军士中对他不服的也大有人在。朱元璋明白，首次出任和州总兵官，若不能在军中树立威信，就等于断送了自己的前途。于是，他想出了一个在军中树立威信的计谋。

朱元璋让人将议事大厅的公座全部撤掉，换上了十余条板凳，并约定第二天早上众将士在议事大厅会集。结果，第二天早上，朱元璋故意迟到。当时的座席以右为尊，本应该给朱元璋留着。但是，众将士先进去都坐在右边，朱元璋故意最后到，坐在了左边的一个座位上。

等到处理公事的时候，众将领都像木偶一样，迟迟不语，什么主意也拿不出来，朱元璋却侃侃而谈，快速分析了时势，并能拿出合理的决断，听得众将领目瞪口呆，均点头称是。经过几次议事，众将领都认为朱元璋是一个有胆有识、办事公正的人，渐渐地开始对他心服口服。

接着，朱元璋又召集众将领商议修葺城墙的事，商议完毕，众将决定分头负责用砖加固城墙，大家约好以三天为期。三天过后，朱元璋率领众将领检查验收，但众位将领都没能按时完成。回到议事大厅之后，朱元璋拿出檄文来，朝南而坐，说："总兵乃是主帅任命的，并非我擅自专权。而且总兵大事，不可没有法令来约束。如今你们都没有按时完成城墙加固，违反了军令，当以军法处置。"众将诚惶诚恐地向朱元璋谢罪。从此，朱元璋的威信逐步树立起来了，他所率军队的纪律也更加严明。

谋略感悟

在这个故事中，朱元璋初任总兵并未急于快速在军中树立自己的威信，他懂得放低身段，从细小之处来展现自己的才能，不断地赢取他人的信任。

孔明挥泪斩马谡

三国时期，天下呈现魏、蜀、吴三足鼎立之势。刘备建立的蜀汉政权虽然偏安西南，但一直北伐魏国，想一统天下，恢复汉室基业。可惜，刘备生前没有实现这个愿望。后主建兴六年（228），丞相诸葛亮为了完成先帝的遗志，率领大军北伐。他任命参军马谡为前锋，镇守战略要地街亭（今甘肃秦安县东北）。

马谡才名在外，备受诸葛亮赏识，但他缺少实战经验。刘备生前认为马谡常常言过其实，不能重用，临终前再三叮嘱诸葛亮，可诸葛亮没有听取。在这场战争中，街亭地理位置极为重要，却没有天然的险阻，也没有高大的城墙，很难镇守。马谡请求领兵守街亭，诸葛亮便答应了他，并委派王平做他的副手。

到达街亭后，马谡观察了地形，大笑道："丞相真是多心了。这里地理位置偏僻，魏国的军队怎么敢来呢？"

王平答道："魏国军队短时间内可能不敢来，但以后就不确定了。咱们应该在路口扎下营寨，命令兵士们砍树做成栅栏，以为长远之计。"

马谡不屑一顾地说："路口怎么能扎寨呢？旁边那座街亭山没有和其他山脉相连，还长了很多树，这是天险啊！应该去山上扎寨。"

王平劝道："这可不行。如果在路口扎寨，修筑工事，即便有十万敌军也不能偷偷越过去。如果在山上扎寨，魏国军队突然前来，把咱们围在山上，可就插翅难飞了。"

马谡大笑道："你这是女人的见识！兵法里教的是要驻扎在山上，这样打仗时士兵冲下来，势如破竹。要是魏国军队敢来，我让他片甲不留！"

王平耐心地说："我跟着丞相打仗时，丞相给我很多指点。现在这座山就是绝境啊，如果魏国军队切断我军的水源，我军就不战自乱了。"

马谡斥责道:"你别乱说!孙子说:'置之死地而后生。'如果魏国军队切断我军水源,我军怎会不拼死作战,以一当百呢?我平时饱读兵书,丞相还经常向我请教,你为什么三番五次地阻拦我!"

王平见说服不了马谡,无奈之中,只好请求带一支军队在街亭山西部驻扎,形成掎角之势,可以相互策应。马谡勉强分拨给王平五千兵马。王平领兵在距离街亭山十里的地方扎下营寨,并画出地形图,派人快马加鞭送去给诸葛亮。

魏国大将司马懿得知马谡在山上扎寨,拍手大笑,连呼"天助我也"。他派张郃领兵拦住王平,又派两支军队围住街亭山,切断水源和粮道,等蜀国军队自乱之后,再将其一举击溃。分派已定,将领们率领军队出发,包围了马谡驻扎的街亭山。

山上的蜀国士兵看到魏国军队漫山遍野,队伍齐整,心里已经开始打退堂鼓,不敢下山。马谡挥动红旗,命令士兵冲下山去,士兵们却推推搡搡,没人敢动。马谡一怒之下,斩杀两名畏缩不敢上前的将领,士兵们才下山努力冲击魏国军队,没有成功,士兵们又退回山上,士气更加低落。

第二天,蜀国士兵在山上既无水源,又无粮食,军心大乱,士兵思变。闹到半夜,驻扎在街亭上南边的士兵打开寨门,下山投降魏国,马谡的命令已经没人听了。司马懿又令人在山上放火,蜀国士兵更是乱得不可收拾。马谡发现街亭守不住,于是驱使残兵败将杀下山去逃命。

逃跑途中,马谡遇到了魏国三路兵马的阻击,多亏魏延、王平领兵前来救援,才逃得一条性命。街亭最终失守,战局向着有利于魏国的形势发展。

诸葛亮分析了这次战败的原因,认为最大的错误在于派马谡去镇守街亭。他召见马谡,当面斥责马谡的刚愎自用和骄傲自大,申明若不斩马谡,难以正军纪,难以立军威。马谡哭着说:"您将我看作自己的儿子,我将您当作自己的父亲。如今我的死罪难逃,只求您能照顾好我的家人,我死也就没有遗憾了。"诸葛亮也落泪道:"我会好好照顾你的家人,不需要多嘱咐。"他挥挥手,手下人将马谡推出辕门,斩首示众。

诸葛亮斩了马谡,准备棺材将他厚葬,还好好抚恤他的妻子儿女。而后,诸葛亮嘉奖奋力死战的王平，擢升他为讨寇将军。明定赏罚后，诸葛亮上表请求自贬三级，由丞相贬为三品官员。

谋略感悟

　　诸葛亮挥泪斩马谡的故事一直是严明军纪的典范。马谡刚愎自用，贻误战机，丢掉对战争至关重要的战略要地，致使战争形势急转直下。诸葛亮为了以后的军事大计，不得不挥泪将其斩首。

赵绰依法办事

隋文帝统一全国之初，采取了很多巩固统治的措施，如改革官制、实行科举制度、严惩贪官污吏等。经过他的改革，社会风气为之一新，国家气象欣欣向荣。

当时，社会上出现了很多偷盗抢劫之类的犯罪行为，屡禁不止。隋文帝很气愤，下令这种罪犯一经逮捕，全部处斩。大理寺（掌管司法的机构）官员赵绰却认为，应该按照法律对犯罪的人加以惩罚，不能失去信用。隋文帝欣然接受，还任命赵绰为大理寺少卿。

在封建社会，法律和皇帝意志经常发生冲突。皇帝的情绪对他作判断会产生重要影响，隋文帝也不例外。他时常会作出和法律不一致的决定，大理寺的官员都很为难，只有赵绰敢违背皇帝的意志，维护法律的尊严。

有一次，刑部侍郎辛亶穿了一条俗名"利于官"的红裤子，被隋文帝看到了，隋文帝讨厌铺张浪费的行为，便想给他安上巫术的罪名，将他杀掉。赵绰极力劝阻道："按照法律，辛亶不应该被判处死刑，我不能答应您的要求。"隋文帝大怒道："你这么爱惜辛亶的生命，不管自己的死活了吗？"命令手下将赵绰斩首。

赵绰毫无畏惧地说："即使杀我，也不能杀辛亶。"他自己走到朝堂，脱下官服，等候处斩。隋文帝只不过想吓唬一下赵绰，派人问他："你还有什么话说？"

赵绰朗声答道："我一心执法，不怕死。"

隋文帝气得拂袖而去，过了很长时间才平息怒气。事后，他觉得赵绰是对的，于是赐给赵绰三百段锦帛，以示慰劳。

当时，国家禁止市面流通不好的钱币。市场上偏偏有两人用不好的钱币换好钱，扰乱市场秩序，于是被抓进了监狱。隋文帝命令杀掉两人，赵绰又进谏道："这两个人应该受杖刑，不应该处死。"

隋文帝正在气头上，敷衍道："不关你的事。"

赵绰反问道："您让我掌管司法，现在却要胡乱杀人，怎么不关我的事？"

隋文帝怒道："你能撼动大树吗？还是退下吧。"

赵绰恳切地说："我只希望能改变您的意见，不想撼动什么大树。"

隋文帝觉得自己下不来台，说道："人喝汤时，如果觉得热，就会把汤放到一边凉凉。你是一定要挫败天子的威严吗？"

赵绰跪在地上，无论隋文帝怎么呵斥，他都不肯退下。隋文帝只好回到内宫。其他官员也上书进谏，隋文帝才改变了将他处斩的想法。

大理寺有个叫来旷的官员，上书文帝，说大理寺执法太宽，不能起到法律的惩戒作用。隋文帝认为来旷忠诚正直，便升了他的官。来旷以为得到了隋文帝的信任，又告了赵绰一状，说他随便免除囚犯的刑罚，把不该放的人都放了。

隋文帝派人去调查，发现毫无此事，来旷是在诬告。文帝大怒，下令处斩来旷。赵绰再一次据理力争，认为来旷不该死。隋文帝袖子一甩，回内宫去了。

赵绰在隋文帝身后大叫："我不管来旷的事了，还有别的事要上奏呢。"

隋文帝派人将他引入内宫，赵绰跪在地上说道："我有三条死罪：第一，身为大理寺少卿，没有管好手下的官吏，致使来旷犯了法；第二，囚犯本不该死，我却不能据理力争；第三，我本来没有别的事，为了进内宫，谎称自己有事。"

隋文帝听后大笑，免去了来旷的死罪，改为流放。

谋略感悟

面对强权，要想坚持真理、严守原则，并不是那么容易的事。赵绰冒着杀头的危险，当众和隋文帝顶撞，挽救那些不该被杀的罪犯的性命。即便是自己的仇人，他也要依法惩治；即便会触怒隋文帝，也不因仇人的诬告就置之于死地。

隋文帝惩子

隋文帝杨坚是隋朝的开国皇帝。他在位期间，结束了中国四百余年的分裂局面，实现了大一统。他善于治理国家，颁布了一系列措施，使国家逐渐走向强盛。然而，这位治国有方的帝王却治家无术，他的儿子们先后触犯法律，受到惩治，尤以第三个儿子秦王杨俊为甚。

杨俊年轻时，跟随隋文帝转战中原，立下赫赫战功。击败南陈后，他被任命为并州总管，管辖二十四州的军事，才能出众，有口皆碑。隋文帝听说以后很高兴，觉得杨俊很有出息。

天下平定以后，杨俊逐渐过上了奢侈的生活。他大规模兴建宫殿，极尽奢华富丽之能事。杨俊擅长设计，经常亲自干工匠的活儿。他为妃子制作七宝幕帐，镶嵌了大量珠宝玉石，幕帐特别沉重，需要用马才能拉动。他还建造水殿，用胭脂香粉涂墙壁，用金玉砌成台阶。柱子之间全部悬挂明镜，明镜中间镶嵌宝珠，特别华美。杨俊经常和宾客歌伎在水殿上弹琴唱歌，尽情享乐。

除此之外，杨俊放纵手下人违法乱纪，仗势欺人；放高利贷，大肆敛财，百姓深受其害。

隋文帝是个崇尚节俭的皇帝。他执政期间，要求男子的衣服多用布帛，不能用绸缎；衣服装饰也多为金属和骨角，没有金玉做的佩饰。所以，他听说杨俊穷奢极欲的生活后，勃然大怒，下令免去杨俊的官职，仅保留秦王的封号。

大臣们纷纷劝谏，认为杨俊只是生活奢侈，没有其他罪过。连亲信杨素也为杨俊求情，认为对杨俊的惩罚太重了。隋文帝气愤地说："我是五个儿子的父亲，也是天下人的父亲。若如你们所愿，难道要为我的儿子专门制定一部法律？周公曾诛杀自己的兄弟管叔和蔡叔，我虽然比不上周公，却也不能带头违反国家法律。"他没有听大臣们的话，坚持要撤掉杨俊的官职。

　　杨俊喜好女色，府第里养了很多美女。王妃崔氏很嫉妒，便偷偷地在瓜中下了毒药，杨俊吃瓜后生病，回到京城。听说自己被撤官的消息后，杨俊又怕又愁，病得更重了，甚至卧床不起。他派使者带奏章前去谢罪，被隋文帝劈头盖脸地斥责了一顿。

　　之后，又有官员上表要求恢复杨俊的官职，隋文帝一直不答应。这样拖了一年多，杨俊病逝。隋文帝并不是不通情理的父亲，杨俊的死给了他极大的打击。他哭着说："晋王（隋文帝的第二个儿子杨广，即后来的隋炀帝）前不久送给我一只鹿，我命人做成肉脯，打算赐给秦王。可他还没吃到肉脯，就已经离去了。"

　　隋文帝知道毒害杨俊之事是崔氏所为，下令将她赐死。他还重赏了对杨俊忠心耿耿的部下。但父子之情不能阻挡他戒奢以俭的决心，他下令将杨俊的奢侈物品统统烧掉，丧葬礼仪一概从俭。

> **谋略感悟**
> 　　王子犯法，与庶民同罪。这话说起来容易，做起来难。面对触犯法律的儿子，隋文帝毅然割舍父子情缘，对儿子加以严惩，体现了他坚守法律的决心和宽广博大的胸怀。

许孟容执法办案

唐朝中后期，京城出了一位秉公执法的官员许孟容。他做礼部员外郎时，有一个公主的儿子要进入弘文馆（掌管编撰图书的机构，也是唐朝的贵族学校），而这是违反相关规定的。许孟容不顾公主的面子，坚持拒绝。公主在皇帝唐德宗那里告了他一状，唐德宗派人来调查，了解事情原委之后，不仅没有责备许孟容，还称赞他忠于职守，给他升了官。

过了几年，浙江东道观察使裴肃命令手下人齐总用搜刮来的财物进贡，以博得唐德宗的欢心。裴肃死后，唐德宗任命齐总为衢州刺史，越级提拔，大家纷纷表示不满，却没人敢直接提出来。

许孟容认为这种做法不合适，对唐德宗说："齐总没有特别的功劳，突然越级提拔他，朝廷内外都会又吃惊又猜疑。以前从来没有过这样的敕命，这道诏书还是不发为好。"再加上谏官们也议论这件事，诏书最终没有发出去。18年以来，没有人敢在皇帝面前争论事情的对错，唐德宗觉得许孟容的做法打破了僵局，开了个好头。为此，唐德宗专门召见许孟容，夸奖他道："要是朝廷百官都像你这样尽职尽责，我还担心什么呢？"

唐宪宗即位后，许孟容当上了京兆尹，负责处理京城大大小小的事务。上任不久，他就遇到了一件麻烦事。有人来告状，告的是神策军的一个名叫李昱的官员。按理说，许孟容的官职比李昱大，本没有什么好为难的，依法办事就可以了。可李昱的背后，站着整个禁军队伍，一不小心就会惹上麻烦。

原来在唐德宗兴元元年（784）时，李怀光等人发动叛乱，唐德宗被迫逃出京城，躲到了梁州（今陕西汉中）。眼看着天下大乱，唐王朝气数衰微，只有禁军不弃不离，拼死作战，打败了叛军，将唐德宗护送回京城，立下了显赫的功勋。从这以后，禁军在京城里骄横放纵，地方官没人敢管。

在这种情况下，要处置一个禁军的官员，谈何容易。许孟容问清案情，得知李昱借了人家八百万钱，过了三年还不肯还。人家上门讨债，李昱不但不还钱，还口出狂言，将讨债人赶出家门。讨债人一怒之下，跑到京兆尹的衙门里喊冤，要求许孟容为民做主。

许孟容大怒，这哪里是借钱，明明是强取豪夺，他立刻下令抓捕李昱。旁边的官员都说："这案子都三年了，没人能管得了，您又何苦惹火烧身呢？"

许孟容不理他们，坚持将李昱抓捕归案，严刑拷打之后，给他限定还钱的日期。如果到时候还是不还钱，就要将他处死。

消息传开，整个禁军都轰动了，他们推举代表去唐宪宗那里喊冤求情。唐宪宗也要倚赖禁军，不想和他们发生摩擦，于是下令，让许孟容把李昱交给禁军治罪，许孟容不听。唐宪宗再派人去传令，许孟容还是不听。到最后，许孟容忍无可忍，对唐宪宗说："我知道不服从诏令就是死罪，但我奉旨治理京城，就应该为您镇压豪强。李昱如果不把钱全部偿还，就绝不能放人！"唐宪宗认为他刚直不阿又恪尽职守，又一次称赞他。

这件事传出去后，京城的豪强大为震惊，行为大大收敛。许孟容的威名也就此远扬。

谋略感悟

许孟容不怕权势、不畏豪强的美名不仅在当时广为流传，也一直影响到今天。只有内心坦荡的人，才能行得正、坐得端，不畏惧恶人的权威。

刘邦用计擒韩信

西汉王朝建立后，刘邦曾问大臣们："你们说，我为什么能取得天下呢？"大家议论纷纷，均不得要领。刘邦自己揭晓了谜底："我能够平定天下，要得力于三个人——运筹帷幄之中，决胜千里之外，我比不上张良；安抚百姓，供给前方粮草，我比不上萧何；率领百万大军，只要打仗就一定打胜仗，我比不上韩信。这三人都是杰出的人才，我重用他们，才能够赢得天下。"

建国伊始，刘邦对张良、萧何、韩信作出了这么高的评价。仅仅六年后，有人上书刘邦，告发韩信谋反，刘邦却相信了。

当时，韩信的封地在楚，都城为下邳（今江苏邳州市东）。早在刚打败项羽时，刘邦就迫不及待地收回了韩信的兵权，害怕他以后会造反，又将他封到离京城较远的下邳。韩信倒也没有意见，回到封地后过着安逸的生活。然而刘邦一直将他看作未爆发的火药桶，一直在想办法除掉他。

项羽死后，大将钟离眛流落江湖，后来投奔韩信。钟离眛是韩信的同乡，曾救过韩信的性命，对韩信有恩。恩人落难，前来投奔，岂有不收留的道理？然而，刘邦得知这个消息后，心里很不舒服。钟离眛毕竟曾经是敌人的大将，如今虽然暂时落难，万一日后东山再起，还是会对自己的统治造成威胁。

几方面因素凑在一起，刘邦觉得必须除掉韩信，否则江山难保。他问手下的将领该怎么办。将领们纷纷说："马上发兵征讨他，抓住那小子后就地活埋。"刘邦沉默不语。

但总沉默也不是办法，万一韩信真的谋反就糟了。刘邦问陈平，陈平想了想，问："将领们怎么说？"

刘邦老老实实地答道："将领们要立刻发兵攻打韩信，抓住后活埋。"

陈平笑笑，问："别人上书说韩信要造反，有证据吗？"

刘邦答道："没有。"

陈平又问："韩信知道有人告他谋反吗？"

刘邦答道："不知道。"

陈平再问："您手下的精兵良将比楚国的强吗？"

刘邦说："比不上。"

陈平接着问："您带兵打仗比韩信强吗？"

刘邦说："也比不上。"

陈平无奈地说："现在兵士不如楚国的精锐，指挥打仗也比不上韩信，还非要去攻打人家，肯定打不过，我为您担心啊！"

刘邦有点慌张，问："那怎么办？"

陈平思考片刻，想出一条计策，说道："古时候天子四处巡视狩猎，在途中要会见诸侯。南方有个地方叫云梦泽，风景优美。您假装去云梦泽巡游，在陈地会见诸侯王。陈地是楚国西边的边界，韩信听说您出游，一定会迎到郊外拜见您。到时候您命令士兵将他拿下，只需要一个武士就够了。"

刘邦听完之后，觉得这条计策不错，于是派遣使者通知诸侯王们在陈地会合，以迎接自己。简单准备之后，刘邦就带着随从上路了。

韩信接到通知后，内心忐忑不安。他在刘邦帐下指挥战争多年，深知刘邦是个反复无常的人。如今刘邦要巡游云梦泽，要求诸侯王在陈地集合。作为楚王，韩信必须去迎接。他担心其中有诈，去了陈地会被抓起来，又唯恐自己不去陈地的话，会引起刘邦的怀疑。思来想去，韩信想不出好办法，愁眉苦脸，仰天长叹。

手下人得知此事后，对韩信说："皇上厌恶的，是您收留了钟离眛。如果您杀了钟离眛，带着他的首级去拜见，皇上一定很高兴，不需要过度担心。"

韩信觉得这种说法很有道理，但钟离眛与自己情谊深厚，又不忍下手。于是，他请来钟离眛，隐晦地表达了自己的意思，却又没有明说要杀掉他。

钟离眛看韩信脸色不对，之前也听到一点风声，见韩信没有明示，便试探着说道："汉天子之所以没有攻打楚国，是因为我在您这里。如果您抓住我去向汉天子献媚，那我今天死，明天就是你们的死期！"

钟离眛一边说，一边观察韩信的脸色，见韩信神色没有改变，知道这番话没有触动他，于是起身大骂道："你这个小人！"然后拔剑自刎。

韩信见钟离眛倒地身亡，落了几滴眼泪，命人割下他的首级，带上随从前往陈地拜见刘邦。刘邦事先埋伏好武士，看见韩信来了，假意抚慰了几句，便发出号令，武士跳出来抓住了韩信，捆起来绑到刘邦后面的车子上。

韩信长叹一声，说："人们都说：狡兔死，走狗烹；飞鸟尽，良弓藏；敌国破，谋臣亡。天下已经平定，我的死期也到了！"

刘邦回头看着他说："别喊了。别人告你谋反，我才抓你的。"韩信不再说话，任凭武士将自己绑在后车。刘邦在陈地会见了诸侯，带着韩信回到了洛阳，赦免了韩信的罪过，贬黜他为淮阴侯。

谋略感悟

面对陈平的连续提问，刘邦明白了自己的处境：无论是士兵的精锐程度还是将领们领兵打仗的本事，自己都远远比不上韩信。如果贸然发兵攻打，不仅占不到任何便宜，可能还会吃亏。不能力夺，可以智取。陈平这条请君入瓮的计策可谓对症下药。

武则天计除权臣

武则天 67 岁那年正式登基称帝，成为我国历史上唯一一位女皇帝。这年，全国各地爆发了大大小小的叛乱，目的大同小异：反对武则天称帝，要求她将权力交给儿子。武则天政治手腕高明，内心坚强，自然不会被这些起义吓倒。

起义规模最大、影响时间最长的是徐敬业在扬州发动的叛乱。徐敬业自封为扬州司马，召集了几百人的军队，占领扬州。然后，他以扶助中宗（武则天的三儿子，当了一年皇帝后被废）重新即位为号召，发布了由骆宾王撰写的《讨武曌檄》。叛乱声势浩大，徐敬业率领军队渡过长江，攻克润州（今江苏镇江）。但仅仅两个月后，徐敬业便被朝廷的军队打得落花流水，叛乱被平息。

这场叛乱给武则天带来了极大的影响。她开始思考，需要一种新的方式来统治国家，尽力做到防患于未然。于是，她下了一道诏书，鼓励全国人民告密。无论大小官员还是普通百姓，只要发现有人谋反，就可以直接向她告密。地方上的人如果想告密，地方官不能阻拦，还得为告密者准备最好的车马，并在沿途驿站供给其相当于五品官员待遇的膳食，一路送到京城。武则天亲自召见告密者。如果告密属实，马上就可以做官；如果不属实，也不会被追究。

告密者成群结队涌入京城，一大批人因此得到提拔升迁。

当时，一个名叫鱼保家的人设计出了一种收集告密信件的铜箱。铜箱有四个投信口，分别对应铜箱内部设在东西南北四个方位的格子。东边为青色，刻着"延恩"，为吹捧武则天的政绩以及谢恩而设；南边为红色，刻着"招谏"，意为招揽对朝廷的批评建议；西边为白色，刻着"申冤"，让有冤情的人诉苦喊冤；北边为黑色，刻着"通玄"，为各种自然灾害和军事机密而设。

信件一旦投进去，就没办法再取出来。鱼保家很满意自己的发明，将设计方案献给了武则天。武则天看过方案后，龙心大悦，立即下令铸造铜箱。铸好的铜箱被安放在宫门旁边，由专人负责。

被告发的人需要有人来审理，一批善于刑讯逼供的酷吏应运而生。最出名的酷吏当数索元礼、周兴和来俊臣。

索元礼是胡人，生性残忍。他抓来一个人，通过施加各种残酷的刑罚，能牵连好几十人甚至上百人。他设计了很多新奇又严酷的刑罚，比如让犯人钻进铁笼，铁笼顶端有一个仅能容纳头部的小口，旁边还有一块木楔，可以揳进犯人头部和铁笼的空隙，越揳越紧，直至脑浆迸裂；把犯人的手脚捆绑在一根横木上，左右转动，叫做"晒翅"；把犯人吊在房梁上，在头部系上石头。前后死在索元礼手里的大概有几千人。

有的大臣在朝廷里会突然被抓走，从此活不见人，死不见尸，音讯全无。大臣们早上入朝前，一定会和家人道别，因为不知以后还能不能相见。如果晚上能够活着回家，便和家人们庆祝又多活了一天。

颇有讽刺意味的是，索元礼经办的第一件案子，犯人正是告密铜箱的设计者鱼保家。有人告发鱼保家，说他曾经为叛乱的徐敬业改良兵器，使朝廷的军队受到了极大的伤亡。任凭怎么拷打，鱼保家就是不承认。最后，索元礼大手一挥："来人，把我的铁笼抬来！"鱼保家见到这个恐怖的铁笼，吓得立刻招供，马上被判处死刑。从此，索元礼的铁笼成了王牌。如果有犯人坚决不招，一般看到铁笼后就屈服了。

周兴和来俊臣也是残虐无道的官吏，以折磨人为乐事。来俊臣招揽了一帮无赖，让他们诬告别人，相互呼应。要是想诬陷一个人，就让这帮无赖同时在好几个地方控告，控告的事情大同小异，以伪装成真相。武则天对他的做法很满意，认为他善于审问推断，还在都城的丽景门旁边设置推事院，安排来俊臣在那里办公。凡是进了这个门的，一百个人里面不会有一个人毫发无损地走出来。有人戏称丽景门为"例竟门"，意思是进了这个门，所有的人都会死掉。"竟"是完结的意思。

来俊臣还和同党写了一本《告密罗织经》，详细讲述了如何给犯人编织罪状，置人于死地。据说，来俊臣倒台后，丞相狄仁杰读完这本书，出了一身冷汗；武则天读完这本书，感叹道："这么缜密的心机，连我也比不上啊！"

来俊臣和索元礼等人制造了巨大、沉重的枷锁，还把这些枷锁分为十类，起了名字。有的叫作"喘不得"，犯人戴上后连气都喘不过来，若不招认便会被活活憋死；有的叫作"反是实"，犯人戴上后求生不得求死不能，会把原来的供词再翻过来；还有的叫作"求即死"，犯人戴上后被折磨得受不了，再也没有生存的欲望，只求速死。审讯犯人时，他们只要把刑具扔在犯人面前，很多犯人马上吓得魂飞魄散，不打自招，甚至还按照两人的指使诬陷别人。

来俊臣没有一点怜悯之心。他审讯犯人时，不管案情是轻是重，一律把醋灌进犯人的鼻孔，囚禁在地牢里；或者把犯人装在瓮里，断绝犯人的口粮。有的犯人饿得受不了，甚至撕开衣袖咀嚼里面的棉絮。他还在犯人的牢房里撒满粪便，弄得污秽不堪，犯人只有一死。每当皇帝的大赦之令下达后，来俊臣总要先把案情重的囚犯杀掉，才宣布赦免的命令。

周兴年轻时学过法律，经常断案，前后错杀了几千人。当时，左史江融名声在外，周兴诬陷江融和叛乱的徐敬业是同党，判处死刑。临刑前，江融请求见皇帝一面，周兴不答应。江融斥责道："我死得不明不白，死后绝不会放过你。"刽子手砍掉江融的头颅，尸体还摇摇晃晃地往前走了几步，行刑者踹了尸体一脚，尸体才倒地，其状惨不忍睹。

多行不义必自毙。有人告发周兴曾与死去的丘神勣共同谋反，武则天将这件案子交给来俊臣审理。来俊臣把周兴请到家里，摆上酒菜，开始饮酒聊天。喝到酒酣耳热时，来俊臣抱怨道："现在好多囚犯总是不招供，我用尽各种刑罚，都不能撬开他们的嘴巴。您有什么好办法吗？"

周兴不知是计，得意扬扬地说道："我最近想出一个新办法，把犯人装在大瓮里，周围架上火炭烧，再嘴硬的犯人也会招。"

来俊臣说："好，那就来试一试。"他令人抬出一口大瓮，周围架上火炭。一时间房间里炽热异常，大家都不明白来俊臣葫芦里卖的是什么药。

大瓮烧得通红之时，来俊臣慢慢地对周兴说："皇帝圣旨说，有人告发您谋反。如果您不承认，就请您进到大瓮里边吧。"

周兴吓得冷汗直流，赶紧跪在地上连连叩首，表示服罪。武则天免去了他的死罪，流放岭南。周兴平时结怨太多，在路上就被仇人杀掉了。

其他的酷吏也都没有好下场。索元礼之所以受到武则天的信任，全因为其义子薛怀义是武则天的男宠。渐渐地，随着薛怀义在武则天面前失宠，索元礼最终被逮捕入狱。他不服，审讯他的官吏喊道："把索公的铁笼抬过来！"索元礼马上低头服罪，后来死在了监狱里。

来俊臣烜赫一时，盛气凌人，不把任何人放在眼里，竟然得罪了武则天的宗族诸王和太平公主。这些皇亲国戚早就厌恶了来俊臣，搜集他的罪状，在武则天面前狠狠告了一状。武则天无奈，只好下令查办来俊臣。负责审理此案的官员判处来俊臣死刑，并将其处斩。

来俊臣死后，他的仇人们纷纷拥过来，争着吃他的肉，须臾之间就抢完了。官员和百姓们拍手称快，都说："从此以后，睡觉时能安稳了。"

谋略感悟

鼓励告密检举，任命酷吏审案，看似非常残忍，却是武则天即位初期打击政敌、巩固政权的必要措施。她虽然任用酷吏，却不给他们高官显位；她虽然杀人无数，却保住了一大批重要官员。假借他人之手，除去对自己有威胁的人，武则天可谓做到了极致。

宋太祖杯酒释兵权

宋太祖赵匡胤登基后不到半年，就有两个节度使起兵反对他。赵匡胤亲自出征，费了好大的劲儿，才平定了叛乱。

此事虽已成定局，赵匡胤却更加寝食难安。某日，赵匡胤单独约见心腹赵普，问："自从唐朝末年起，便战事不断，朝代更替已经五次了。战祸之下，民不聊生，死伤无数，你知道这是什么原因吗？"

赵普思索良久，方才直言道："道理再明显不过了，藩镇兵权在握，一言不合，即要兵戈相见，这才造成了战事不断的局面。收回兵权，由朝廷掌控兵力，天下自然就太平了。"

赵普一番肺腑之言，令赵匡胤茅塞顿开。

几日后，赵普又趁机觐见，对赵匡胤道："禁军统领的兵权实在太大，最好将石守信、王审琦两位大将调离禁军，解除后患为好！"

赵匡胤不以为然，"这两位都是我的好哥们，怎会背叛于我？"

赵普道："两位将军忠诚有余，统率才能却不足啊！日后若他们手下的将士闹起事来，怕他们压不住，便会顺水而下……"

赵匡胤一拍脑袋，感激地说："你所言甚是，这是我先前没有想到的。"

不出几日赵匡胤果真设宴款待石守信、王审琦等人。酒过三巡，赵匡胤屏退左右，举杯邀众将领共饮，并无不感慨地说："我之所以有今天的地位，全仰仗各位的帮助，只是，高处不胜寒哪，做皇帝的难处又有几人知晓。这一年来，我日日寝食难安，想想，倒不如做个节度使来得安逸。"

石守信等人不明就里，忙问其缘由。赵匡胤无奈地道："这有何难猜的，皇帝的位置谁不想坐？"

石守信等人听出了弦外之音，皆吓得不轻，连忙跪地俯首道："陛下圣明，如今天下已定，谁还敢对陛下不敬不成？"

赵匡胤叹气，哀声道："你们是我的兄弟，我当然信得过，只是那禁军将士之中，若有人硬要将黄袍加在你们身上，你们也是无可奈何的啊！"

石守信等人冷汗淋漓，感到大祸临头，连连磕头，声泪俱下道："臣等愚昧，还望陛下明示。"

赵匡胤见时机成熟，便道："我要是你们，就干脆交出兵权，携妻儿老小去地方做个闲官，再购点田地，世代传承下去。届时，我再与你们结成亲家。我们之间既少了嫌隙，又亲上加亲，岂不是更好啊！"

事已至此，众人感恩戴德还来不及，哪还敢存有微词。

酒毕，各自归家。次日上朝，皆递上辞呈，众口一词说自己年事已高，且体弱多病，请求解甲归田。赵匡胤应允，即刻收回他们的兵权，并赐予他们大量财物，让他们安心去地方做节度使了。

历史上将这件事称为"杯酒释兵权"（"释"就是"解除"的意思）。

过了一段时间，又有一些节度使到京城来朝见，赵匡胤在御花园设宴招待。赵匡胤对这些臣子说："你们都是国家老臣，现在藩镇的事务那么繁忙，还要你们干这种苦差，我真是过意不去！"

有个乖巧的节度使听出了赵匡胤的话外音，马上说："臣本来没什么功劳，留在这个位子上也不合适，希望陛下让我告老还乡。"其他节度使听他这么说，也纷纷请求赵匡胤批准自己告老还乡。

第二天，赵匡胤就把这些节度使的兵权全部解除了。

赵匡胤收回地方将领的兵权之后，逐渐建立新的军事制度。从地方军队挑选精兵，编成禁军，交由皇帝直接控制；各地行政长官也由朝廷委派。通过这一系列措施，新建立的北宋王朝逐渐稳定下来。

谋略感悟

"兔死狗烹，鸟尽弓藏"，对于功臣，古代皇帝大多遵守这样的法则，如刘邦杀韩信、朱元璋杀李善长。相形之下，赵匡胤通过威逼利诱的方法解除开国功臣的兵权，没有耗费一兵一卒就和平解决了这一重大问题，他对待功臣可以说是十分宽容的，他的这一做法也是极为明智的。

智擒鳌拜

顺治十八年（1661），清朝顺治皇帝福临病死，临终托孤，命索尼、苏克萨哈、遏必隆和鳌拜四人为顾命大臣，共同辅佐年仅8岁的皇三子玄烨继位，是为康熙皇帝。在这四位顾命大臣中，索尼年迈，名列首位，但不能控制他人；鳌拜久经沙场，被誉为"满洲第一勇士"，在四位顾命大臣中居于末位，却专横跋扈，野心勃勃；遏必隆这个人十分软弱，事事都追随依附于鳌拜；苏克萨哈没有太大的声望，虽然有心和鳌拜争权夺利，却难以遏制鳌拜。索尼病逝后，鳌拜更加蛮横，不但欺压朝中文武大臣，甚至还欺负年幼的康熙，军国大事都由他一人独断专行。

康熙六年（1667），康熙14岁，这一年，他开始亲理朝政。有一次，顾命大臣苏克萨哈和鳌拜二人之间发生了争执。对此，鳌拜怀恨在心，勾结同党，诬告苏克萨哈犯了大罪，奏请康熙处死苏克萨哈。康熙认为苏克萨哈并没有犯下罪行，为此和鳌拜发生了激烈争吵。最后，鳌拜竟然在朝堂之上，挽起袖子，挥出拳头，大吵大嚷。康熙感到非常生气，但是考虑到鳌拜目前权势很盛，不能和他硬碰硬，只能暂时忍耐，于是，他被迫按照鳌拜的意思，下旨斩杀了苏克萨哈。经过这件事，康熙看清了鳌拜专权的丑恶嘴脸，如果自己过早地表现出极高的理政能力，很有可能招致杀身之祸。于是，他想到了一个保住性命的好办法，那就是故作软弱，以此来麻痹鳌拜，让鳌拜对自己放松警惕，自己就可以在暗中蓄积力量，等待时机，一举铲除鳌拜。为了稳住鳌拜，康熙先后加封他为一等公、太师，地位显赫到无以复加的地步。对鳌拜矫诏杀死拒绝对其阿谀奉承的山东、河南等地封疆大吏的行为，康熙也置之不理。看到康熙对自己如此放纵，鳌拜心中十分欢喜，认为康熙懦弱无能，害怕自己，从此，鳌拜便不再将康熙放在心上。

鳌拜自恃位高权重，经常称自己身体不适而不上朝。有一次，康熙听说鳌拜生病，便亲自前往他的府上探病，随同前往的御前侍卫发现鳌拜神色有异，便急速扑到鳌拜床前搜查，结果在鳌拜躺的席子底下发现一把匕首，面对一场大乱转瞬即发的危险局面，康熙却出人意料地笑笑说："刀不离身乃是我们满洲人旧有的习俗，这不足为怪。您身为我朝重臣，抱病卧床之际仍然能够保持满洲人尚武的英雄本色，真是让人钦佩啊！"康熙的一句话巧妙化解了剑拔弩张的紧张局势。其实，当时康熙的心都提到嗓子眼儿了，他暗自庆幸御前侍卫发现得及时，否则鳌拜趁自己到床前探病之机抽出匕首朝自己胸口刺下去，自己就性命不保了。从此，康熙开始着手制订铲除鳌拜的计划。

由于朝政大权已经握在鳌拜手中，就连御林军也被鳌拜控制着，康熙要铲除鳌拜，只能另谋他策。由于满洲人喜欢摔跤，康熙就召集了一批身强力壮、和他年岁相仿的贵族子弟，整天在御花园里练习摔跤。鳌拜进宫的时候，经常看到这些少年们扭打在一起，他以为只是一群小孩子在闹着玩儿，对此丝毫不在意。经过长期训练，这批少年的武艺日渐进步，康熙终于将他们培养成为一支能为自己拼死效力的亲信侍卫，他们已有足够的能力来擒拿鳌拜。

康熙八年（1669）的一天，康熙事先将这些少年侍卫埋伏于内廷之中，然后单独召见鳌拜进宫商议朝政。鳌拜对此毫无戒备，认为康熙十分听从自己的意见，便欣然前往。到了内廷，鳌拜见到康熙，仍像往常那样高声问道："皇上召臣来朝有什么事呢？"

康熙厉声喝道："鳌拜你可知罪？"

鳌拜对此深感意外，反问道："臣有何罪？"

康熙厉声斥责道："你独断专行，结党营私，欺上瞒下，还敢说自己无罪？"

鳌拜想不到一向温顺的小皇帝竟然敢当面指责自己，不禁大发雷霆，快步上前想要抓住康熙。

康熙一声令下："左右还不与我拿下鳌拜这个反贼！"之前埋伏在内廷之中的少年侍卫蜂拥而上，有的拽胳膊，有的抱大腿。鳌拜虽然是武将出身，力气也大，但这些少年侍卫人多势众，又都经过系统的摔跤训练，鳌拜哪是他们的对手，最终被掀翻在地，随即被五花大绑地捆了起来。把鳌拜抓进大牢后，康熙立刻指派大臣调查鳌拜的罪行。大臣们认为，鳌拜专横跋扈，罪恶累累，应该处死。但康熙对他从轻发落，只是削了鳌拜的官爵。后来鳌拜还是在牢中死去了。

一代权臣就这么被康熙给除掉了，朝廷上下都十分高兴。从此，康熙也真正掌握了朝政大权，一些原来骄横的大臣知道了康熙的厉害，再也不敢在他面前放肆。

谋略感悟

鳌拜位高权重，年幼的康熙不过是他的傀儡。聪明的康熙并没有和鳌拜发生正面冲突，而是表面上对他言听计从，暗地里却在悄悄培养自己的势力，在鳌拜毫无戒备的时候将其一举击倒。

密探控群臣

清朝康熙皇帝拥有众多子嗣，经历了多年激烈残酷的皇位争夺战，四皇子雍正最终继承了皇位。兄弟之间长期为争夺皇位尔虞我诈，时时刻刻都在想着如何算计别人，也时时刻刻提防着被他人算计，使得雍正养成了多疑的性格，他从此不相信任何人。雍正即位之后，为了防止手中握有实权的大臣背叛自己，他需要尽可能掌握朝中大臣方方面面的实际情况。于是，雍正就派遣了很多密探，对朝中大臣实行全天候的跟踪刺探，使得朝中大臣们的个人生活毫无隐私可言。

有一天，大臣王云锦下朝回家，晚上和妻儿老小打麻将以打发时间，正玩得高兴的时候，一张"二万"掉到地上怎么找也找不到，最后只能扫兴收场了。第二天上朝，雍正笑着问王云锦道："王爱卿，昨天晚上在忙些什么呀？"王云锦是个老实人，不知道雍正为什么忽然有兴致打听起自己的私事，连忙战战兢兢地如实答道："微臣胸无大志，昨天晚上一时兴起，同妻儿在家打打麻将，真是惭愧啊！"雍正听完，又进一步问道："爱卿真有雅兴呀，不知昨晚麻将打得如何？"王云锦只好讪讪地答道："本来一家人玩得挺痛快的，但不知道谁不小心把一张'二万'碰到了地上，也真是邪门，找了半天都没有找到这张牌，一家人感到十分扫兴，就没再继续玩儿了。"雍正笑了笑，从怀里摸出一张麻将牌递给王云锦，问道："爱卿仔细瞧瞧，这张牌是不是昨晚丢的那张啊？"王云锦定睛仔细一看，一点儿不差，正是昨天晚上自己家丢失的那张"二万"，他当即吓得脸色苍白，连忙跪在地上磕头如捣蒜，连连告罪道："微臣罪该万死，微臣玩物丧志，还请皇上重重责罚微臣。"雍正笑着说："爱卿请起，公务之余玩玩麻将，与家人共享天伦之乐，这乃是人之常情，朕又岂会怪罪爱卿呢？"接着，雍正话锋一转，对其他大臣厉声说道："王爱卿真是个忠心的大臣啊，连打麻将这等小事都能够对朕如实相告，真是君臣同心啊！朕希望诸位爱卿都能以王爱卿的一片忠君之心为楷模。"

　　除了派密探监视朝廷大臣的私生活，雍正对在外地做官的封疆大吏的监视也很严格。当时，大臣王士俊就任山西按察使，离京之前王士俊在向大学士张廷玉告辞时，张廷玉将手下的一个仆人推荐给他使用。到山西上任之后，王士俊发现这个仆人为人谨慎，办事干练，便将其当作心腹之人，将很多机密之事都交给他去办理。一晃几年时间过去了，王士俊任期届满准备回京，这个仆人忽然要求告辞离去。对此王士俊非常不解，便问他为什么要这么做。那人最后告诉王士俊："我原本是皇宫中的侍卫，皇上把我派到你的身边，负责时时监视你的个人动向。你这几年在山西做官，还算尽职尽责，并没有犯下什么太大的过错，我要先行一步回京向皇上禀报，顺便替你说上几句好话。"听完他的话，王士俊吓得两腿发软，心想，幸亏自己这些年在山西做官没有做什么对皇上不忠的事，也并未亏待过这个仆人，否则，后果真是不堪设想啊。

　　雍正正是依靠"密探"这枚高明的棋子，时时掌握朝中大臣的动向，从而保证了自己江山的稳固。

▂▂ 谋略感悟 ▂▂

　　雍正靠算计他人登上皇位，自然会时时刻刻担心被他人暗算。因此，他用密探来监视群臣，将朝中重臣的一举一动都掌握在手中，使得朝中大臣人人自危，从而谨慎做人、老实做官，不敢犯下什么过错。

秦穆公担当揽过

秦穆公三十二年（前628），秦国派到郑国的奸细逢孙、扬孙等人暗地里派人回国，给秦穆公带去了消息："郑国人信任我们，将都城北门的钥匙交由我们掌管，这可是我国用兵的大好时机。恳请国君立刻派一支军队袭击郑国，到时候我们里应外合，一定能够一举攻下郑国。"接到探子的密报，秦穆公心里十分高兴，当即决定立刻发兵偷袭郑国。老臣蹇叔劝道："秦郑两国相距遥远，劳师远征，将士们到达时必定精疲力竭。郑国以逸待劳，自然会占据上风。再说，大军行进千里，如此大规模的行动，郑国又怎么会得不到消息呢？到时候其他诸侯国对此也不会作壁上观的。一旦我军兵败，不但会遭到国内民众的指责，也会引来其他诸侯国对我们秦国的鄙视。还请国君三思，收回出兵的成命。"另一个老臣百里奚也站出来反对此次出兵。但是，求胜心切的秦穆公对此不以为然，坚持派孟明视、西乞术、白乙丙三位大将率兵攻打郑国。无可奈何的蹇叔对孟明视叹息道："我恐怕只能看到大军出发，却再也看不到你们归来了。"

次年二月，秦军经过千里跋涉，刚刚走到滑国，就得到郑国已经知道秦军来袭、做好了防备的消息，秦军只得中途放弃攻打郑国的计划，顺道灭亡滑国后就收兵回国了。

这时，与秦国比邻而居的另一大强国——晋国，正值国丧，国君晋文公去世后还没来得及安葬，就传来了依附于晋国的滑国被秦军灭亡的消息。面对秦国对晋国霸主地位的公然挑战，刚刚即位的晋襄公勃然大怒："秦国欺负孤刚刚丧父，公然在国丧期间灭我滑国，是可忍，孰不可忍！"于是，晋襄公率领大军亲自出征，准备截击归国途中的秦军，并遣使联络姜戎，配合晋军作战。晋军预先在秦军归国的必经之路崤山上设下埋伏，归心似箭的秦军一踏进崤山，就遭到了晋军的猛烈攻击，秦军将士死伤无数，晋军还俘虏了孟明视、西乞术、白乙丙三员统兵大将。

这次战争晋襄公大胜而归，他的嫡母文嬴乃是秦穆公的女儿，她不愿意看到晋国由于此战而和秦国结下仇恨，于是，私下里劝说晋襄公道："秦晋两国的国君原本是亲戚，向来都相亲相助。两国当前之所以会兵戎相见，全都是孟明视这帮武夫为了给自己制造立功受赏的机会而导致的，这并非两国国君的本意。正所谓，冤家宜解不宜结，如果将秦国的这三位大将杀害，恐怕两国的仇怨将会越来越深。依我来看，倒不如将他们放回秦国，让秦国国君自己去处罚他们吧！"晋襄公觉得文嬴的话很有道理，就释放了孟明视、西乞术、白乙丙三位大将。

得知孟明视、西乞术、白乙丙三位大将被释放回国的消息，秦国一些大臣纷纷对秦穆公说："这次我军大败，都是因为孟明视、西乞术、白乙丙三人指挥不当，应该将他们杀掉以向国人谢罪。"秦穆公叹气道："这并不是他们的过错，而是孤的贪心导致了这次的失败啊，孤又岂能让孟明视等人为孤顶罪？"

为了给战死的将士们服丧，秦穆公穿上素服，并亲自到城外迎接孟明视、西乞术、白乙丙三位大将。孟明视、西乞术、白乙丙三人见到秦穆公竟然亲自来迎接他们，都感到十分意外，连忙跪在地上向秦穆公请罪道："末将无能，以致这次出兵丧师辱国，恳请国君重重治臣之罪。"看到孟明视、西乞术、白乙丙三位大将面容憔悴的样子，秦穆公十分伤心，他哭着说道："孤如今真是悔恨当初不听百里奚、蹇叔的话，害了出征的众将士。丧师辱国，全都怪孤一人，与你们又有什么关系呢？还希望你们今后秣马厉兵，加紧训练，有朝一日为死难的将士们报仇雪恨。"孟明视、西乞术、白乙丙三位大将被秦穆公的这一番话感动得热泪盈眶，从此，他们日夜操练兵马，一心一意要报仇雪恨。

秦穆公三十五年（前625），孟明视请求秦穆公允许他发兵去报崤山惨败之仇，秦穆公答应了他的请求。孟明视等三位将领率将士攻入晋国，却没料到晋襄公对他们的攻袭早就做好了准备，孟明视再次打了败仗。回到秦国，秦穆公依然没有治他的罪，但是孟明视对此感到十分愧疚，就将自己的财产和俸禄全都拿出来,送给死难将士的家属以示慰问。自己则和士兵们一起过艰苦的日子,每天和士兵们一起刻苦训练,发誓有朝一日,一定要报仇雪耻。

秦穆公三十六年(前624),孟明视做好了一切准备,再次率兵攻打晋国,将士们憋了几年的怨气和仇恨,全在这时候迸发出来,没花费几天的工夫,秦军就大败晋军,一连攻克晋国的多座城池。这下晋襄公可着急了,严令部下只许守城,不得和秦军交战。

晋国被秦军打怕了,不敢出来应战,至此秦军在崤山惨败的耻辱终于得以洗刷。为了告慰阵亡将士的灵魂,秦穆公亲自率领大军抵达崤山,将四年前在此阵亡的死难将士遗骸收殓起来,为他们举行隆重的安葬仪式,他带领孟明视等将士祭奠一番,这才班师回国。秦国周边的各个小国和众多西戎部落,听说秦国将中原霸主晋国打败的消息后,都纷纷向秦国进贡,从此,秦国成为西戎霸主。

谋略感悟

秦穆公不听大臣的劝告,执意劳师远征,落得个丧师辱国的下场。他的聪明之处在于,他并没有将战败归罪于将领,而是敢于在国人面前承认自己的错误,承担战败的责任。他的这种态度,不但安抚了秦国将领,也感动了秦国上下,从此,将士们更加发奋,终于迎来了洗雪国耻的那一天。

安民心约法三章

刘邦的军队先攻入关中，目标直指咸阳，以期给垂死的秦王朝致命一击。

正当刘邦带领楚军到达霸上，离咸阳还有数十里远的时候，秦王朝的宫廷内部就已经发生了变乱。秦王子婴杀死了大奸臣赵高，带着皇帝的玉玺符节，投降了刘邦，秦朝到此寿终正寝。自秦始皇统一六国算起，秦朝延续有短暂的十五年。

秦王子婴投降刘邦之后，刘邦手下的许多人向刘邦提议将他杀掉。刘邦听了大家的提议，便说道："当初楚怀王之所以选择由我另率一路楚军，向西进攻关中，就是因为他认为我和其他将领有所不同，他认为我处世宽大、待人温和，善于抚慰民心。况且如今是秦王子婴主动向我们投降，如果将他杀害，这是最不义的一件事。"于是，刘邦将子婴交给属下看管，然后率军进入咸阳城。

咸阳乃是天下第一大城，秦朝搜刮的民脂民膏几乎都藏在这个地方。看到阿房宫的富丽堂皇，以及后宫上千嫔妃佳丽，刘邦一入秦朝皇宫，就再也不舍得出来了。但这时候，樊哙和张良十分理智地劝阻刘邦，说不应该贪恋财物与美色，不然，与秦朝皇帝又有什么差别，现在的当务之急是安抚民心。于是，刘邦听从了他们的建议，封闭秦国的珍宝财物和府库宫殿，把军队带回霸上驻扎。之后，刘邦又召集关中的老百姓，宣布说："秦朝的律法十分严苛，老百姓说句秦朝坏话就要面临灭族之灾，私下里交谈就要被处以极刑。根据楚怀王和诸将的约定，先入关中的人将称王，所以将来我刘邦就要成为关中王了。现在，我在此宣布：杀人者要处以死罪，伤人者要抵罪，盗窃者也要判罪，除了这三条法令之外，秦朝的其余旧法全部作废，老百姓和以前一样正常生活，其他不需要再担心什么了。"

老百姓听到刘邦所下的指令，无不感激佩服刘邦的宽仁。刘邦还派人随同秦朝的官吏到其他乡县传达他的指示，老百姓听到之后都很高兴，争相拿出自己家的牛羊肉以及酒食犒劳军士。可是，刘邦拒不接受，他说："军中的食粮还很足，我不想增加老百姓的负担。"老百姓听了刘邦的话，心中对他更加感激了，生怕到时候如此宽厚仁慈的人不能当他们的王。就这样，刘邦赢得了关中老百姓的支持，这对他日后的统治有着极大的帮助。

谋略感悟

正所谓"得民心者得天下"，刘邦最大的优点就是能够接受谋臣的提醒和建议，不让自己迷失在金钱物欲之中，从而作出正确的决定。他入关中约法三章，一方面维护了社会秩序；另一方面向关中老百姓展现了自己的宽厚仁慈，为自己树立了一个宽厚仁慈的领导者的形象。

天王化腐朽为神奇

清朝咸丰年间，洪秀全、杨秀清率领拜上帝教信徒在广西桂平金田村发动起义，建立太平天国，公开树起了"驱除鞑虏、推翻清朝残暴统治"的大旗。太平军自广西攻入湖南境内，一路上攻城略地，攻无不克，战无不胜。但是，湖南省城长沙久攻不下，在此，太平军遭受重大损失，就连西王萧朝贵都在指挥攻城的时候壮烈牺牲，军队士气受到很大的影响。

为了摆脱当前的不利局面，天王洪秀全赶忙找来东王杨秀清商议对策。杨秀清思索了很久，方才缓缓说道："我军攻打长沙遭受巨大损失，当务之急是重新振作士气。当年，吴三桂发动三藩之乱，从云南起兵反抗清朝，与清妖在湖南鏖战多年，还在此登基称帝，我们不妨借此做做文章。"说罢，他走到洪秀全身边，对他耳语了一番。洪秀全边听边点头，听了杨秀清的话，他一直紧皱的眉头逐渐舒展开来。

第二天，在全体太平军将领参加的会议上，洪秀全举着一颗印玺对众将领高声说道："昨天晚上，东王杨秀清的亲兵在长沙城外药王庙的神座下发现了这颗印玺，这颗印玺看上去像是个珍贵的古物，真是难得。"众将领纷纷上前仔细观看，发现这块印玺用玉做成，四寸见方，上有五龙交错，刻着"天地齐寿，日月同辉"八个篆字，确实是罕见之物，不由得啧啧称奇。

这时候，杨秀清激动地站起来说："昨天晚上我们连夜请饱学之士考证，确定这颗印玺就是失传已久的前明传国玉玺。这颗玉玺是当时一心想做皇帝的吴三桂从明朝宫廷里偷偷带出来的，康熙十二年（1673），吴三桂起兵反清，从云南一路打到湖南，占领长沙，准备称帝。后来由于战事不利，吴三桂被逼无奈，只得撤回到衡州，匆忙之中，便将这颗玉玺藏在药王庙神座底下。"说到这儿，杨秀清看了看众位将领，忽然话锋一转，大声喊道："传国玉玺现身此处，必定是天父天兄将它赐给了我们，这就说明，当今只有天王才是真龙天子。"

众将领听到杨秀清的这番话，纷纷跪倒在地，在洪秀全脚下齐声欢呼，感谢天父天兄把真命天子赐给太平天国。没过多久，这一喜讯就在太平军将士中间传播开来，大家听说这一消息之后，群情激昂，斗志高涨，决心跟随天王战斗到底，誓死消灭清军。

谋略感悟

天王洪秀全和杨秀清为了鼓舞太平军将士，不惜伪造传国玉玺以鼓舞士气。可见，信仰的力量是无穷的。一个聪明的领导者知道如何运用信仰的力量，并能够化腐朽为神奇，通过精神的力量，让整个团队更加具有凝聚力和创造力。

一日三谏君

一日，齐景公率领群臣同游公阜。清晨时分，太阳升起的时候，草叶上的露珠儿就悄悄滑落下去。绿树红花，蜂蝶相逐；土沃水丰，鸟鸣虫唱，处处彰显出勃然生机。面对这幽雅的人间美景，齐景公不禁感叹道："美景如此，夫复何求啊！倘若我能长生不老，终日徜徉在这花草之间，那该是多么畅快人心啊！"

此话被齐景公身边的相国晏婴听见，甚觉忧心。倘若国君真去追求什么长生之术，必定会疏忽国事、玩物丧志，便接着齐景公的话道："生老病死乃自然规律，半点由不得人。何况，如真是人人都长生不老，那世界岂不乱套了？"

齐景公纳闷，问道："此话怎讲？"

"道理很明确。假如人人长生不老，那齐国的开国国君如今必然健在，且还是一国之主。那就不会出现后来的桓公、文公、武公。而您，现如今可能只是过着老百姓的日子，日出而作日落而息。如此的话，您又怎能带领群臣在这儿游玩呢？"

晏婴的话令齐景公如鲠在喉，顿生不悦，便转过头去不予理睬。

正午，烈日当头，远处官道上出现了一辆马车。马车由六匹马拉着，一路飞奔，烟尘滚滚，气势非凡。齐景公见此，得意地道："看这气势就知，一定是梁丘据来接我了，朝廷上下，最了解我的非他莫属啊！"

谁知晏婴却丝毫不留情面地反驳道："梁丘据可不是个好臣子。好臣子忠于国君，却不是事事恭维国君。这个梁丘据平日里察言观色、溜须拍马，对错不分，昧着良心一味地奉承您。奉承的话自然让人爱听，对国家社稷却毫无益处。"

齐景公再次受到反驳，心中不满，转身拂袖而去。

是夜，星月交辉，美不胜收。这时，忽有一颗流星陨落，齐景公心生不祥之感，面如死灰，忙命主管祭祀的官员摆坛祈求，保佑齐国国泰民安、君主安康。晏婴知晓后，忙赶去劝告齐景公："流星是扫除邪恶之事的，没做坏事有何可怕的？再说，就算国君做了什么不好的事，被流星就此扫去，岂不是更好？"

齐景公闻言，一时气结，当场怔住，竟无言以对。

可晏婴偏不知死活，大有言犹未尽之意，批评的话更加滔滔不绝："臣倒不担心这流星。臣现在担心的是国君终日声色犬马，沉迷酒色，忠言逆耳，谗言顺耳，国君亲小人、远贤臣，长久下去，必然会生出祸端。到时候，这样的过错，可不是国君祈求一下就能免除的。"

听了晏婴的话，齐景公满腔怒火、玩心已失，遂命连夜回宫。齐景公自认为受到了羞辱，一夜辗转反侧，对晏婴恨得牙痒痒，挖空心思想找一条罪状来收拾收拾这个晏婴。他反复思考晏婴三次"顶撞"他的话，想要从中找出破绽，思着、想着，齐景公却觉得晏婴的话句句在理，是自己听不得逆耳之言罢了。遂觉得晏婴甘冒不恭，三次犯难，其忠心实在是难能可贵。

后来，晏婴过世，齐景公前去吊唁，竟几次失声痛哭，道："那次在公阜，相国三次谏言，指出我的过错，如今，我的身边还会有这样直言不讳的人吗？"

谋略感悟

晏婴是一个心系民生之人，也是一个刚正不屈之人。为了天下老百姓，为了国家的稳定，他不惜数次冒犯齐景公，直言向他进谏。由此可见，良臣不会因为主上的不满意而停止自己的进谏，因为他知道，一时的沉默，也许能够保全自己，却会让整个国家走上毁灭之路。

齐威王纳谏

战国时期，齐国通过国内改革，已然国富兵强，燕、赵、魏、韩、楚等国均派使节前来祝贺，皆称齐威王是一位贤明的君主，奉齐威王为天下霸主。

然而，齐威王可不是生来就如此贤明的。刚即位的时候，他天天沉迷酒色、歌舞升平，完全不理国事，对朝臣的劝谏更是置若罔闻，齐国开始逐渐衰败。

有一天，来了一个叫邹忌的琴师，说是要为齐威王献奏，齐威王听说后十分高兴，当即召来邹忌，命他快点儿弹琴。岂料，邹忌却说："光会弹琴，这算不上什么本领，还得精通琴理才是。"齐威王说："我向来只听人们弹琴，还没听过琴理。既然你精通琴理，就说来听听。"邹忌说："琴是高雅的乐器，琴声不只悦耳，还能陶冶人的情操。琴弦的粗细，声音的高低，手指的配合，弹拨的缓急，都十分重要。如若配合得当，弹出来的音乐就悦耳动听；这就好比治理国家，只有上下配合一致，国家才能够繁荣昌盛。"齐威王听他说得头头是道，更想听他弹一首曲子。邹忌反而慢吞吞地说："我本想为您弹琴，稍稍怠慢您，您就急成这样，而大王您贵为国君，九年来从未治理过国家，还请您想想，老百姓该是多么着急啊！"听了邹忌的这番话，齐威王顿时明白过来，从此，他不再沉迷于声乐酒色之中。他还任用邹忌为相国，采取了一系列改革措施，广纳良才，训练兵马，鼓励生产，齐国渐渐变得强大起来。

可就在齐国变得强大的同时，齐威王的虚荣心渐渐膨胀起来。邹忌见到齐威王这个样子，感到十分担忧，于是，他决定再次对齐威王进行劝谏。

有一天，邹忌去见齐威王说："众人皆知，徐公是咱们齐国的美男子，可竟然有个门客说我长得比徐公更美。我邹忌身高八尺有余，也自认为长得英俊潇洒、风流倜傥。于是，清晨当我穿好衣服对着镜子看的时候，我问我的妻子：'我与城北徐公比谁更美？'妻子说：'您更美，徐公怎么能比得上您呢？'我不相信，于是，又问我的妾：'我和徐公比谁更美？'我的妾说：'徐公怎么能比得上您呢？'第二天早上，有客人来，座谈的时候，我问来客：'我和徐公比谁更美？'客人说：'徐公比不上君美。'又一天，徐公来了，我仔细审视徐公，认为自己比不上他。后来，又对着镜子看了看自己，觉得自己和他真是相去甚远。晚上睡觉的时候，我又开始思考这件事，才明白自己的确不如徐公美，我的妻子爱我、妾怕我、客人有求于我，所以都说我比徐公美。现在齐国方圆千里，有一百二十城，宫廷中的妇人和左右侍者，谁不偏爱陛下；朝廷内外的大臣，谁不怕陛下；国内的人，无不有求于陛下，因此看来，陛下您被蒙蔽得多么深啊！"

齐威王听了之后，沉思良久，说："你说得真好！"于是下令道："群臣官吏和百姓，能当面指出寡人过错的，受上赏；上书规劝寡人的，受中赏；能在大街上议论，被我听到的，受下赏。"

齐威王的这个命令刚刚下达，群臣就纷纷进谏，门庭若市。几个月后，提意见的人隔一段时间才有。一年之后，就是想进谏，人们也没什么可说了。燕、赵、韩、魏等国听说之后，都纷纷向齐国称臣，这就是不出朝廷而使诸侯来朝啊！

谋略感悟

《鬼谷子·内揵篇》曰："以变求内者，若管取揵。"说的是要能够及时变化，选择适当的游说策略，然后提出你的计谋。邹忌在齐王得意而听不进谏言的时候，采用了"以变求内"的策略，用自己身边的事来讽谏齐王，真正触动了齐威王的内心，使他的劝谏得以成功。

设迷局戏谏皇帝

明宪宗时期（1464～1487），西厂宦官横行，以汪直、陈钺、王越为首，结为死党，利用专权迫害臣民，制造冤假错案不计其数，臣民怨声载道，人心惶惶。

宦官为政，殃民害国。可慑于西厂势力，朝廷官员个个避之唯恐不及，敢怒不敢言。自古宦官参政，皆由皇帝专宠而起。汪直三人在明宪宗的庇护下，将西厂划为他们的特务机构。抓人、审人、杀人易如反掌，无恶不作，行为令人发指。大臣们犹如砧板上的鱼肉，毫无反抗之力。

宫中有一个会演戏的小官，叫阿丑。阿丑对这些宦官的行径看在眼里，急在心里。如此下去，大明江山早晚要断送在这三人手中。阿丑左思右想，明着与他们作对，上奏弹劾，自己官职太小，人微言轻；暗着和他们作对，他又没有如此庞大的势力做后盾。想要挫挫他们的锐气都如此困难，扳倒他们又谈何容易啊！可身为一个热血青年，他又很不甘心。

有一天，阿丑灵机一动，想出一个妙招来。

阿丑有演戏的天赋，曾为明宪宗演过戏，深得明宪宗的赏识。利用这个机会，阿丑组织了一个戏班，在得到恩准后即为明宪宗演戏。

第一日，阿丑扮作一个酒鬼，醉醺醺地走上台，嘴里不住地骂骂咧咧，这时，有一个太监模样的人神色慌张地走上台大喊："太后驾到！"阿丑充耳不闻，口中继续骂骂咧咧，随后，另一个小太监走上台，跪地高呼："皇上驾到！"

谁知阿丑依然目不斜视，不理不睬。这时，只听小太监轻轻喊道："汪太监来啦！"阿丑刚才还趾高气扬的神情立即消失，脸色苍白，屁滚尿流地藏了起来。小太监得意地说道："哎哟，太后、皇上来了你都不怕，咋听见汪太监的名字就吓得屁滚尿流了呢？"阿丑从一旁探出头来，见左右无人，便道：

"这汪太监的厉害，朝中谁人不知，人家西厂在手，拿人、杀人那不过是一句话的事，我要是撞在他手里，十条命都没了。"

此情此景，明宪宗心中已然明了。

第二天，接着头天的戏。阿丑穿着总管太监的服装，手执两把利斧上台，神情嚣张，耀武扬威。合演的小太监佯装糊涂，问阿丑："你拿这两把斧头做甚？"

阿丑面露不悦，厉声道："这是斧头吗？这是两把'钺'（古代一种很厉害的兵器）！"

小太监摸摸脑勺，大有打破砂锅问到底的意思，指着两把"钺"问："敢问这钺可有名字？"

"书呆子，"阿丑扬起两把斧头，大声说，"居然连大名鼎鼎的王越、陈钺都不认识。"

戏已至此，明宪宗再糊涂，也明白了。

阿丑的戏如当头棒喝，敲醒了明宪宗。明宪宗对汪直、王越、陈钺三人的所作所为产生了警觉。就在明宪宗寻找机会将其除之而后快的时候，御史徐镛上奏弹劾汪直等人，列举三人诸多罪行：专横跋扈、滥杀无辜、目无王法等，明宪宗见时机已至，便顺水推舟，将三人削职为民。此消息不胫而走，臣民欢呼。

谋略感悟

阿丑之所以能够劝谏明宪宗，关键在于他成功地"巧设迷局"，将明宪宗引入自己所设的局中，并借此让明宪宗知道自己所要传达的意思，确实是一种高招。

巧谏言惩宦官

清朝同治、光绪年间,号称"清流"的言官是朝廷中的一景。这些言官经常激浊扬清,讥讽时政、抨击权贵,尤其喜欢为难那些手中掌握大权的地方督抚。时人取清流谐音称他们为"青牛"。张之洞在京城担任"清流"的时候,向来以直言敢谏而闻名,号称"牛角",足见其战斗力。

1875年,由于四川东乡县知县孙定扬违例横征暴敛,东乡的老百姓忍无可忍,于是结队进城请愿。孙定扬反而诬告乡民造反,四川提督不分青红皂白,率兵围剿,烧屋毁寨,残杀四百余名无辜百姓,酿成了一桩特大冤案。由于事情牵连到慈禧太后极其宠信的四川总督吴棠,无论言官如何弹劾,朝野上下翻了天,慈禧太后就是不给平反。张之洞知道问题的症结所在之后,便避开触犯慈禧太后的忌讳——追究吴棠责任的问题不谈。张之洞只是奏请朝廷将酿成冤案的直接责任人孙定扬定罪。张之洞的奏章递上去之后,对于此事向来不松口的慈禧太后最终采纳了张之洞的建议,通过惩办孙定扬而使民怨沸腾的东乡冤案得以平反。

1880年,清朝宫廷中发生了一件震惊朝野的事件,这件事虽然不大,但关系到慈禧太后的脸面。原来,慈禧太后让太监给她妹妹——醇亲王的福晋送几盒食物,可是送东西的太监事先既没有跟守卫宫门的护军打招呼,也没有携带通行的腰牌。结果,守门护军按照规定不予放行。这个太监仗着有慈禧太后宠着他,便跟护军激烈争吵起来,激愤之下,摔了食盒。之后,这个太监回去报告慈禧太后,说是护军无礼,不仅不让他们出去,还砸了东西。慈禧太后听了太监的报告之后勃然大怒,立刻下令罢免护军都统,并下令将当值护军交刑部议处。由于这件事牵涉慈禧太后的太监,朝廷自首席军机大臣恭亲王以下,反响强烈,一致认为慈禧太后对这件事处置不当,但慈禧太后对谁的话也听不进去,坚持要把那几个倒霉的护军开刀问斩。

张之洞经过一番分析，认为众多进谏的大臣一上来就将矛头直指慈禧太后的太监专横跋扈，暗含批评慈禧太后宠信太监之意，这让自尊心极强的慈禧太后实在是难以接受，这才是劝谏失败的根本原因。鉴于此，张之洞给慈禧太后上了一道不同于常人的奏章，奏章避而不谈令慈禧太后反感的太监专权跋扈的问题，而是以嘉庆年间由于宫廷门禁不严，导致林清率天理教徒攻入紫禁城事件为前鉴，说明宫门护卫制度严格对于保卫皇室安全的重要性。张之洞的这番话说得入情入理，慈禧太后听了之后不由得动了心。最终那几个倒霉的护军得以保住了性命，涉案的太监也受到了应有的惩罚。

谋略感悟

　　张之洞的进谏之所以能够有如此神奇的效果，关键在于他能够使其言语正好搔到痒处，并能把握进谏的分寸，做到"忠言不逆耳"，难怪向来固执己见、自尊心极强的慈禧太后也会买他的账。

孝文帝有胆有识

北魏自从太武帝去世后，政治腐败，老百姓由于受到鲜卑贵族和大商人的压迫，被迫展开了反抗。北魏延兴元年（471），魏孝文帝即位后，决心实施改革。

为了使朝廷的收入增加，百姓的生活稳定提升，孝文帝大力实施改革。首先，他规定了官员的俸禄，对贪官污吏严厉查办；其次，他鼓励开垦荒地，实行"均田制"，将土地分给百姓。15岁以上的男性每人分得40亩，女性每人分得20亩，让他们种植谷物等。凡获得土地的百姓必须向朝廷纳税，并按朝廷要求服役。百姓死后，分得的田地归朝廷所有，但另外分配的桑田除外。

孝文帝并不满足这样局部的改革，想要将改革深入，就必须从土地、文化、政治等方面全面入手。于是，他决定从平城（今山西大同）迁都洛阳。

但明说恐怕会遭到大臣们的反对，孝文帝决定巧施计策。在一次早朝上，他提出要大肆进攻南齐。群臣激昂，一致反对，其中以任城王拓跋澄反对的声音最响。

孝文帝在朝廷上厉声质问道："溥天之下莫非王土，率土之滨莫非王臣，难道你要阻止我用自己的兵吗？"

拓跋澄并无退缩之意，进言道："天下皆是皇上的，皇上应该爱惜才是，我明知开战会给百姓带来灾难，焉有不说之理？"

孝文帝佯装沉思。他们哪里知道，这只是孝文帝的迂回之术。下朝后，孝文帝单独召见拓跋澄，对他说："刚才在朝廷上，我故意责骂你，那是做给大家看的。我认为平城乃武地，实在不适宜改革。故而我假意出兵伐齐，实则是想借机迁都洛阳，你看此事如何？"

拓跋澄恍然大悟，连连表示赞同。

得到拓跋澄的支持后，493年，孝文帝举兵30万，南下洛阳伐齐。此时正值秋季，秋雨绵绵，行军受阻。而孝文帝坚持己见，命令披甲戴盔，将士出城。

即将行至洛阳时，本就不赞成攻打南齐的大臣们再次出来阻拦，以秋雨不便打仗为由，劝阻孝文帝。军令如山，孝文帝举旗厉声道："我30万大军行至此处，若无功而返，岂不遭人笑话。"转而又道："若大家依旧不赞成攻打南齐，那就只有将国都迁至洛阳，这样才不至于落人话柄！"

事发突然，大臣们面面相觑，还来不及细想，孝文帝便命令道："时间紧迫，赶紧表态，赞成攻打南齐的站左边，赞成迁都洛阳的站右边。"

一个鲜卑贵族立即站出来说："只要不攻打南齐，我愿意迁都洛阳！"众大臣略为权衡之后，全都赞成迁都洛阳。

迁都洛阳即可免去战乱之苦，两相比较，对厌倦了战事的大臣们来说，迁都是唯一避免战乱的选择。

安排好洛阳的事后，孝文帝即派拓跋澄回到平城，向停留在那里的官员讲述迁都的好处；不几日，他又亲自回到平城，召集留守的官员，共同商议迁都一事。

说是商议，实则是巧施命令。贵族官员中，还有一些不想迁都的，他们罗列了种种迁都的坏处，都被孝文帝一一推翻。见大势已去，其中一些不想迁都的官员还存有一丝侥幸，提议要占一卦。

孝文帝立即反驳道："占卦对未知的、无法做决定的事才管用，如今迁都已成定局，占卦又有何用？治理天下，当四海为家，体恤民间疾苦，哪有守着一个地方不走的道理？何况，迁都一事历代都有，我迁都也不应遭到质疑才对。"

孝文帝一番话说得那些官员哑口无言，也只好顺应变化。

迁至洛阳后，孝文帝便要大展拳脚。土地改革已初见成效，接下来就是文化、民俗改革了。

在朝堂上，孝文帝问大臣们："你们说，是移风易俗好，还是因循守旧好？"

拥戴孝文帝的拓跋澄立即站出来说："当然是移风易俗好！"孝文帝义正

词严地说:"那我说改革,你们可再不能反对了。"

接着,孝文帝宣布了几条新法令:

改说汉语。30岁以上的人接受能力较差,改说汉语比较困难,可以暂缓,但三十岁以下的、在朝廷为官的官员必须立即改口,违者轻则降职,重则撤职。

改穿汉人的服装。

改汉姓。北魏皇室本姓拓跋,此时改为"元"姓,孝文帝带头改名为"元宏",并鼓励鲜卑族人与汉族人通婚。

孝文帝有胆有识的一系列改革,为民族统一、土地制度等作出了较大贡献。

谋略感悟

北魏孝文帝大刀阔斧地改革,使北魏政治、经济有了较大的发展,促进了鲜卑族和汉族的融合。孝文帝之所以能够改革成功,关键在于他有胆有识、坚持己见,并能排除万难,最终实现改革目标。

楚汉相争鸿门宴

公元前 206 年，项羽率领大军来到了函谷关，而刘邦却下令，让守军紧闭大门，不许诸侯军队入关。项羽听说刘邦已经攻下了咸阳城，心里十分气愤，而刘邦的部下曹无伤正好在此时来到楚营，对项羽说："沛公要在关中称王了！"听到这个消息的项羽更是急火攻心，一心要与刘邦一决雌雄。

在项羽的督促之下，英布开始攻打函谷关，于同年十二月破关而入。项羽的军队直接挺进到新丰、鸿门一带，打算和刘邦来一次正面对决。

项羽的叔父项伯与刘邦的谋臣张良曾经是多年的老友，他看到这个局面，便连夜来到刘邦的军营，悄悄和张良会面。项伯不仅将项羽即将攻打刘邦的消息告诉了张良，还劝他赶紧逃跑。可是张良说："沛公现在虽然已经入关，可是身处危难之中，我怎么能一走了之呢？这不符合道义，我必须向他辞行。"

张良赶到刘邦的营帐之中，将这件事告诉了刘邦，刘邦一听，大惊失色，慌忙问："这可如何是好？"张良问："现在我们的军队实力和项羽相比如何？"刘邦想了想，颓然地说："我军不能和楚军相抗衡，该怎么办呢？"

张良并没有慌张，他仔细分析了当前的局势，认为首要的任务是去除项羽对刘邦的不满和疑虑。要达成这个目的，就必须有内应，项伯正是一个不错的人选。于是他建议刘邦："现在，您可以抓紧机会告诉项伯您不敢和项羽对抗，让他将这个意思传达给项羽。"

刘邦听了，连连点头，让张良将项伯请入帐中，以兄长的礼仪来对待他，不仅亲自为他举杯祝酒，还与项伯结成了儿女亲家。酒酣耳热之际，刘邦做出一副非常委屈的样子对项伯说："自从我入关之后，遵守约定，秋毫不犯，所有的吏民都造册入籍，府库财产我也是严加封存，都是为了等待项将军来接收。之前我派遣大军驻守函谷关，也是为了防止其他盗贼窜入。现在我守在这儿，日夜盼望项将军的到来，怎么会造反呢？所以请您千万向项将军转达我的心意，我绝不会背弃项将军。"

这一番话，说得言辞恳切，让项伯信以为真。他对刘邦说："既然这样，明天你当面向项将军谢罪吧，我会为你做好一切准备的！"

当天晚上，项伯赶回鸿门，将刘邦对自己所说的话都转告给了项羽，并对他百般劝告，让他接受刘邦的道歉，使原本剑拔弩张的局面有所缓和。

亲自去一趟鸿门向项羽谢罪，已经成为唯一的选择。刘邦虽然知道这一次危机四伏，但又不能不去。张良为他分析了项羽的个性，认为必须深入虎穴，否则不能渡过这一难关。他许诺道："我会跟在沛公左右，随时保护您的安全。"

第二天一大早，刘邦就带着张良、樊哙和几百名随从来到了项羽军营。一看见项羽，刘邦就热情地跑上去说："臣与将军一起推翻了秦朝，将军战河北，臣战河南。我能入关破秦完全是侥幸，所以一直在等待将军的到来。谁料会有小人向将军进谗言，离间我们之间的关系，让将军与我结怨。"

项羽看到刘邦带了这么一点儿人来见自己，又表现出一副非常谦恭的样子，心中便有妇人之仁，脱口就说："这都是因为沛公的左司马曹无伤挑拨，不然我怎么会做出这种事呢！"

刘邦已经掌握了项羽的心理，于是不断占据主动的位置。而项羽也知道刘邦按照约定，虽然先入关了，却没有非分的作为，反而显得自己现在有违约的嫌疑，因此心中感到理亏，言辞也就自然畏缩起来。

两个人摆起酒筵，项羽的谋臣范增在一旁陪侍，他不断示意项羽，又举起手中的玉玦暗示，让他赶紧下定决心杀死刘邦。可是项羽一直犹豫不决，默然不应。见此情形，范增便起身来到帐外，叫来勇士项庄，让他假装舞剑助兴，借机杀掉刘邦。当项庄开始舞剑的时候，项伯发现了他的意图，于是也拔剑对舞，用自己的身体护住了刘邦。

宴席之上的气氛越来越紧张，张良感到很不安，于是起身出帐，告诉帐外的樊哙赶紧护驾。樊哙一听刘邦有难，便持剑拥盾闯入军门，直奔项羽帐下，两眼怒视项羽，大有万夫不当之勇。项羽看到这个忽然闯入的勇士，不禁被吓了一跳，忙问："这是谁？"张良回答说："这是沛公的随从，名字叫作樊哙。"项羽看到樊哙气度不凡，便赞赏道："是一条好汉，快赐给他一杯酒！"

左右的侍从为樊哙送上一大杯酒，樊哙举杯一饮而尽。喝完酒，樊哙大声地说："我连死都不怕，更何况是一杯酒呢？"说完，他厉声陈述了战斗之中刘邦的劳苦功高以及对项羽的忠义行为，斥责项羽不该对刘邦有疑心。

樊哙慷慨激昂的陈词让大家都不敢吭声，而项羽一时之间居然不知道该说什么好，只好让左右为樊哙准备了座位，请他入席。

过了一会儿，刘邦感觉到酒席之上的气氛似乎开始轻松起来，便假装要上厕所溜出了军帐。樊哙和张良也跟着刘邦溜了出来，三个人悄悄商量了一番，决定由樊哙保护刘邦赶紧脱身，张良留下来应付残局。

刘邦知道情势危急，所以不敢乘坐车骑，只让樊哙等四名大将保护自己，轻骑简从，经骊山、过芷阳，抄近路不辞而别。张良估算着刘邦已经安全离开了，便走过去对项羽说："沛公不胜酒力，已经有些醉了，所以不能亲自向楚王辞行，让我代为致歉。沛公让我将这一对白璧送给楚王，这一对玉斗送给范增将军。"

项羽发现刘邦已经溜走了，于是收下那对白璧。而范增眼睁睁看着一个杀死刘邦的好机会溜走了，气愤地将玉斗摔在地上，拔出剑来击打得粉碎。他愤慨地说："唉！竖子不足与谋。夺项王天下的人，一定是沛公，我们这些人必将成为他的阶下囚！"

谋略感悟

张良运用自己的智慧，巧妙"攻心"，不仅帮助刘邦脱离了虎口，还让项羽阵营内部出现了矛盾，君臣相争必然是未来的祸根。鸿门宴上的攻心妙计也成为千百年来首屈一指的经典案例。

伴醉指画离间计

"陈桥兵变"之后,赵匡胤建立了北宋,经过多年的南征北战,许多割据政权被他逐一平灭,接下来就是南唐了。

对于南唐,赵匡胤十分想要吞灭,心里却非常顾忌南唐战将林仁肇,因为他不仅英勇善战,而且足智多谋,一旦发动战争,会成为宋军的头号强敌。如何才能除去林仁肇呢?赵匡胤日思夜想,终于想出了一条绝妙之计。

有一次,南唐李从善前来朝拜赵匡胤,被他找了个借口扣押下来。南唐国主李煜派人来讨,赵匡胤以爱才之名不肯放李从善回去。李从善知道自己回不去,便托人安慰李煜:"我留在这里,正好可以打探一些消息,以备赵匡胤有不利于我们的举动。"

看到李从善安心留了下来,赵匡胤立刻展开了计划,他先派人去南唐画下了林仁肇的画像,然后将画像带回汴梁,挂在宋朝开国将士的画像之中。

安排好一切之后,赵匡胤在宫中设宴款待李从善。酒酣之际,他作出一副兴致勃勃的样子,讲起自己当年征战的功绩,大力吹捧曾经辅佐自己的战将。还盛情邀请李从善参观功臣的画像。

赵匡胤对着画像为李从善讲述了这些功臣各自的战功,可是在林仁肇的画像前,他却忽然不说话了。李从善看到林仁肇的画像,大吃一惊,忙问:"这个人是林仁肇,怎么会在这里挂着他的画像呢?"

赵匡胤假装支支吾吾了一番,然后说:"你不是外人,也没有必要骗你了。我非常爱惜林将军的才华,劝他早日归顺,他已经答应了。过不了多久他就会带着大军投降,南唐也就要落入我的管辖了,所以他也是我大宋的功臣啊!"

李从善听到这番话后非常惊讶,以为赵匡胤喝醉了才会透露这个消息。他忙回到府邸,写信给李煜说明情况。李煜见信大吃一惊,忙召林仁肇来试探，一无所知的林仁肇自然不能应对已经起了疑心的李煜，更加重了李煜的怀疑。最后，李煜当即赐毒酒给林仁肇，将他毒死在宫中。

　　林仁肇死后，赵匡胤再也没有任何顾忌了，挥兵南下，轻松渡江灭掉了南唐。

谋略感悟

　　赵匡胤不过使用了一幅画像，并没有出动一兵一卒，就可以扫清自己吞并南唐最大的障碍，可见敌人虽然强大，但并不是只有面对面的厮杀才可以击败，有时候选择从内部进行瓦解，反而更容易达到坐收渔翁之利的目的。

欲擒故纵手段高

春秋战国是中国历史长河中第一个乱世，而在这个乱世中第一个称雄一方、显赫一时的霸主，就是郑庄公寤生。

郑庄公的父亲郑武公有三个儿子，嫡长子寤生，幼子名叫共叔段。这兄弟俩同父同母，可他们的母亲姜夫人对两个儿子的态度有着天壤之别——她偏爱幼子，不喜欢寤生。理由说来有些荒谬，原来姜夫人生寤生的时候难产，这让她经历了很大的痛苦和惊吓，于是为这个儿子取名寤生（即难产之意），并且对他百般嫌弃，甚至因此置周王朝相传数百年的嫡长子继承制度于不顾，多次提出改立次子共叔段为太子。

郑武公去世后，按照古老的宗法制度，嫡长子寤生继位，是为郑庄公。成为太后的姜夫人并未安守本分地安享晚年，而是进一步干预朝政，为共叔段鸣不平。她向郑庄公讨要制地（今河南荥阳汜水镇）作为共叔段的封地。郑庄公没有答应，他说："制那个地方太过险要，当初虢叔就死在了那里。除了制，选哪里都可以。"于是姜夫人又提出以京地（今河南荥阳东南部）为共叔段的封邑。姜夫人提出这个要求，就是为了扶植共叔段培养自己的势力，远离国都，有朝一日时机成熟，篡夺国君之位。因郑庄公有言在先，只好答应。

对此，大夫祭仲有所察觉，于是进谏说："制度对于卿大夫食邑规模是有严格规定的，大的城邑不能超过都城的 1/3，中等城邑不能超过 1/5，小的不能超过 1/9。而京城的规模已经大大超过了这一规定，如果将这块土地封给共叔段，对于国家将是一个很大的威胁，您不能不防啊！"郑庄公无可奈何地说："这些都是我母亲的意思，我又怎么能限制她呢？"

祭仲说："太后绝对不会止步于此，她一定还想扩建城邑，如果扩建城邑，共叔段肯定会有进一步的行动。您应当防患于未然，否则一旦共叔段的势力发展起来，就难以应对了。您没听说过'草蔓难除'这句话吗？更何况是您深受太后庇护的弟弟呢！"

郑庄公说："多行不义必自毙，就让我们静观其变吧！"

果如祭仲的预言，不久共叔段就开始扩建城邑。见郑庄公没什么反应，共叔段更加肆无忌惮，下令让西部和北部的边境之民都服从自己的命令。

共叔段的嚣张跋扈，终于引起郑国上下的不满。大夫公子吕对郑庄公说："如今的郑国好似有两个君主，下达两种命令，辖制两地的臣民。您作为真正的国君，怎么能容忍这种情况呢？如果您不能解决这个问题，索性就将君主之位拱手让于共叔段。如果您不想这样，就请下定决心除掉共叔段，否则百姓早晚会生出二心。"

郑庄公则胸有成竹地说："不用我去除掉他，他早晚会自取灭亡的。"

郑庄公的放任，更加助长了共叔段的气焰，他甚至宣布郑国西部、北部边境为自己的封地，并把封地扩展到了廪延（今河南延津县东北）。

公子吕按捺不住了，对郑庄公说："我们必须决断了，否则，等到共叔段羽翼丰满，民心就会归顺于他了。"

但郑庄公再一次选择了隐忍，他说："不义之举，定失民心，他的势力越强大，越是接近分崩离析。"

随着郑庄公的放任，共叔段的野心渐渐得到满足，他开始不计后果地制造武器，积聚粮食，修整城池，正式开始了筹备攻打郑国国都的计划。

事实上，郑庄公时刻关注着共叔段的一举一动，获悉了共叔段的所有阴谋。共叔段起兵时，郑庄公终于等到了机会。他对公子吕说："可以动手了。"随即，郑庄公命令公子吕率大军去京地讨伐共叔段。京地的人听说国君派军前来，纷纷倒戈。共叔段成了孤家寡人，只好弃城而逃，最后客死他国。

谋略感悟

郑庄公表面上看似仁慈，实则城府很深。他采取欲擒故纵的手段，摸清了共叔段的心理，并将其慢慢引入事先布下的网中，最终巧妙地使对方处于自己的掌控之中，再以正义压邪恶，替天行道。

第四章

军事卷

中国历史悠久，催生了灿烂辉煌的文明，也发生了不少战争。中国历史上有许多杰出的军事人才，他们以聪明才智、卓越的谋略和出色的军事才能为世人所称颂。军事谋略被认为是一门高深又古老的学问，战争是它的温床，随着在实践中的发展，这种智慧的艺术也获得了长足的发展。在军事斗争中，谋略可谓无处不在，只要是有活动和对抗的地方，就会有谋略的影子。没有任何一个将军是在不使用谋略的情况下获得胜利的，也没有一场战争是完全靠着天意或者巧合就可以结束的。

巧用辱骂破城门

公元前203年，正是楚汉相争之时。这一年，楚霸王项羽率领着自己的军队离开了成皋，开始向东进发。但此举恰恰中了汉王刘邦之计，因为他正想着"夺取成皋，巩固正面战场，牵制楚军西进"。

十月，萧瑟的秋风之中，楚霸王刚离开不久，成皋就被围困了。刘邦率领数万大军，将这座小城严密地包围起来。只见城外到处都是刘邦的将士，战马的嘶鸣伴随着秋风不断传入成皋城中。汉军刀锋闪烁，楚军则不为所动，任凭汉军在城下不断叫骂，就是不肯开门迎战。

驻守成皋的楚将名叫曹咎，他看到敌我双方的实力对比如此悬殊，便采取了关门政策，希望可以等到援军到来之时再出城应战。城外人声鼎沸，城中却寂静异常，这种僵持的局面一直持续了很多天。

眼看着战争没有进展，刘邦已经猜到了曹咎想要拖延。他召集了谋士，让他们赶紧想一个办法敲开城门。其中一个谋士突发奇想地说："不然我们派人去辱骂曹咎，让他在城里不得安生，只要激怒了他就可以打开城门了！"刘邦对此非常赞同，他说："失去理智的人，可以做出任何事，我们的目的就是让曹咎暴跳如雷。"

第二天早上，天刚刚亮，在空旷的战场上就出现了五六个骑着高头大马的汉军士兵。站在城楼上观察敌营的曹咎不知道这几个人来做什么，心里不免有一些疑惑。正当他想要弄个究竟的时候，城下的汉军士兵忽然开始破口大骂，他们吼叫着："曹咎小儿，你不敢出来打仗了吗？你这个胆小鬼，这点儿能耐怎么能担当大任？"听到这些话，曹咎的眉头不由得皱了起来，他刚想下城楼，又听见汉军士兵骂道："曹咎，你这个孬种，你就这点儿本事？做起缩头乌龟来倒是很能干！"

一阵阵不堪入耳的叫骂让曹咎忍无可忍，他大吼一声："给我打开城门，迎战汉军！砍了这几个不长眼的奴才！"

成皋城中的谋士看到这些人无端叫骂，已经猜到这是刘邦的计谋，便劝阻曹咎道："大司马，楚王在出发之前，一再告诫您要守住成皋，他说过不管汉军怎么挑战，我们都不能迎战。在大王回来之前，我们所能做的就是拖住汉军。等到大王掉转马头，自然可以洗刷今天的屈辱。如果贸然行事，反而会中了汉军的奸计！"

这一番话让曹咎恢复了理智，他按捺住心头的怒火，快步走下城楼，只求一个耳根清净。

但是出乎曹咎意料的是，汉军并没有就此罢休，虽然第一天对曹咎的辱骂没有收到效果，但他们似乎乐此不疲，每一天都会派人出来轮番辱骂。五六天过去了，汉军的骂声不绝于耳。不仅如此，他们骂战的队伍还在不断扩充，从第一天的五六个人到后来已经有数十人同时叫骂了。听着那些越来越不堪入耳的辱骂声，曹咎的忍耐终于到了极限，他大吼着说："不管怎么样，老子都要出兵，教训一下刘邦这个小人，出出这口恶气！"

带领着一队士兵，曹咎怒气冲冲地打开了城门。可这正是刘邦想要看到的结果，曹咎的大军刚刚准备渡过汜水，就被汉军强压了下来，迎头一番痛击，在水面上就溃不成军。

看到眼前如此惨烈的失败局面，曹咎才幡然悔悟，想到自己轻易就中了刘邦的奸计，他羞愤交加，拔剑自杀。长史司马欣也无处可逃，只好追随曹咎的脚步在汜水河畔自杀了。

失去了守将的成皋，顿时变成了一座空城，当刘邦的军队到达的时候，城门大开，不费吹灰之力就被攻克了。

【谋略感悟】

精通谋略的军事家不仅钻研战术，还会有效利用别人的缺点，并将其融入自己的战术之中，取得意想不到的效果，这样的智慧让人不得不赞叹。

将军单骑巧退敌

在唐代，有一位著名的军事家郭子仪，他一生戎马，屡建奇功，而他所有功绩之中最具传奇色彩的便是他单骑退敌的故事了。

出身武举的郭子仪，身高七尺三寸，勇武不凡，他带领自己的部队为唐王朝的稳定作出了不小的贡献。但是郭子仪手下有一名叫作仆固怀恩的将军，在安史之乱中立下了战功，却没有得到朝廷相应的赏赐。这让仆固怀恩非常不满，于是发动了叛乱，与回纥、吐蕃等少数民族政权频繁联络，并谎称郭子仪已经被宦官鱼朝恩杀害了，号召这些部落联合起来反对唐朝的统治。

永泰元年（765），回纥、吐蕃发动了几十万的大军，跟随着仆固怀恩朝着唐朝的都城长安进发了。可是到了半路，仆固怀恩却因为急病一命呜呼。主帅虽然死了，但是回纥与吐蕃的军队没有班师的打算，他们一路向前，将唐军打得节节败退。眼看这支大军就要到达长安北部的泾阳（今陕西泾阳），都城长安也受到了威胁。

唐代宗李豫看到这个局面顿时手足无措，朝臣们也都不知道如何是好。宦官鱼朝恩劝李豫赶紧从长安逃走，但朝臣们纷纷表示反对。有人提议：要想打退回纥、吐蕃大军，只能将希望寄托在郭子仪身上了。

郭子仪所在部队正在泾阳，虽然他的手下并没有多少兵马，可是早已号召将士们将工事修得非常坚固。在没有接到朝廷的命令之前，郭子仪并没有出战，而是让探子悄悄地侦察敌人的状况。

根据探子回报，回纥与吐蕃两支队伍联合起来，表面上非常和谐，但内里矛盾重重。他们来到这里本来是因为仆固怀恩的关系，但他已经死了，所以对接下来的方向产生了争执。了解到这些，郭子仪的心中已经有了一个计划。他打算利用敌人的内部矛盾，将其分化。而且这一次回纥领军的大将曾经与郭子仪一起战斗过，在平定安史之乱的过程中有一些交情，所以其计划的第一步就是将这个回纥将领拉拢过来。

确认计划之后，郭子仪首先让部将李光瓒在夜里悄悄地潜入回纥的大营，与回纥都督药戈罗见上一面。李光瓒告诉药戈罗："我是按照郭令公的指示前来与您会面，你们回纥与我们大唐原本是非常友好的关系，你为什么来攻打我们呢？"

听到这话，药戈罗面露疑惑之色："郭令公还活着？我听说他已经被小人给杀害了。"

李光瓒告诉药戈罗，泾阳就是郭子仪在驻守，可是药戈罗不信他的话："如果郭令公真的活着，那就让我见他一次，我才相信。"

回到唐营之后，李光瓒将这个消息汇报给郭子仪。听他说明了事情的始末之后，郭子仪沉吟半响，决然地说："既然是这样，那我就出去走一趟，也许可以将回纥的大军劝退。"

众人虽然觉得这个办法不错，但又担心主帅亲自去敌营会遭遇危险。于是有人提出派遣五百精兵跟随，保护郭子仪前去回纥大营。郭子仪一听便摇头说："不行！有几个亲随陪我去就可以了，你们大可不必担心。"

郭子仪出门跨上战马，想立刻前往回纥大营，可是他的长子郭晞跑出来拦在马前说："您是军队主将，何必这么冒险呢？"郭子仪说："现在敌人的军队实力远超我们，如果真打起来，我们父子两个人不仅不能保护自己，连国家也都跟着遭殃。这一次我前去谈判，若是可以取得成功，那将不费一兵一卒，也算是国家的幸运！"说完，他扬起马鞭一抽，朝着敌营疾驰而去。

出城之后，郭子仪与随从朝着回纥大营而来，回纥士兵们看到他，都纷纷喊道："郭令公来了！"其他士兵也都惊慌地朝军营中跑去，向主帅药戈罗汇报。听到郭子仪真的从天而降，将领们顿时大吃一惊，忙让士兵摆开阵势，拈弓搭箭，准备迎战。

郭子仪等人来到阵前，看到回纥兵马严阵以待，便摘下自己的头盔，卸掉身上的盔甲，手中的武器也都丢在地上，然后拉紧缰绳缓缓地朝着回纥大营走过来。药戈罗等人看清楚郭子仪，诧异地大喊着："真的是郭令公！"说着，大家都翻身下马，围住郭子仪跪拜在地。

郭子仪从马上跳下来，扶起药戈罗笑盈盈地说："你们曾经帮助过大唐，为我们立下了汗马功劳。唐朝对你们也不薄，为什么要帮助小人来叛乱呢？今天我来到这里，就是为了劝告你悬崖勒马。"

药戈罗非常抱歉地说："郭令公万万不要这么说，我们都是被人给骗到了这里，以为皇帝和郭令公都已经为奸人所害。现在看到您站在这里，怎么还敢跟您打仗呢？"

郭子仪握着药戈罗的手说："我们之间原本就是亲戚一样的关系，现在前来侵犯我们的领土，掠夺我们百姓的财物，真的是不应该。我决定要回击吐蕃，如果你可以帮助我打败吐蕃，一定也少不了你的好处。"

药戈罗忙点头说："我一定将功补过。"

在郭子仪和药戈罗谈话的时候，身旁的回纥士兵一边听着两位主帅的交谈，一边慢慢靠拢。郭子仪的随从们发现了他们的这一举动，纷纷围绕在郭子仪的身边，以防他们有不测的举动。郭子仪却轻松地挥挥手，让随从们散开去，他对药戈罗说："既然这样，我们就可以开怀畅饮了！"药戈罗忙命人端上酒，郭子仪举杯将酒洒在地上，朗声道："从现在起，我们两军订立盟誓，谁若违背了誓约，就让他死在阵地之上！"

药戈罗也跟着起誓，洒了酒，表示遵从郭子仪所订立的誓约。

郭子仪单骑走敌营的消息早已传到了吐蕃军营之中，吐蕃的将领们听说郭子仪还活着，而且和回纥军订立了盟誓，顿时紧张起来，经过一夜商讨，不等天亮，便急匆匆带着军队撤走了。

谋略感悟

郭子仪单骑退敌，巧妙地运用军事谋略，不费一兵一卒就取得了战争的胜利。而郭子仪之所以敢于单骑走敌营，除了他勇敢果断的个性之外，还在于他掌握了敌人的心理，知道如何打乱对方的计划，所以能够制订出行之有效的方法，迅速攻破敌人的心理防线。

陈平妙用离间计

汉朝的开国谋士陈平从小父母双亡，他跟着自己的兄嫂过日子，哥哥发现他很喜欢读书，就让他去私塾学习。

陈平长大后，天下正处于一片混乱中。离陈平所居住的阳武最近的地方是下相，下相正是项羽叔侄起义的地方，于是他就携带家眷投奔了项羽。在楚军之中，陈平只担任了一个行走秘书的职责，项羽虽然是一个豪杰，却没有发现陈平的才能，因为一点儿小事就要杀他。陈平非常担心自己死在项羽刀下，便连夜逃走，投奔了刘邦。

刘邦对陈平非常器重，让他跟随在张良左右，给萧何、曹参等人做助手。身兼数职的陈平感念刘邦对自己的恩情，非常卖力地帮助刘邦。

楚汉相争之时，项羽意识到粮草对于自己的重要性，所以不再攻击刘邦的城池，而是一味地抢夺汉军从荥阳送来的粮草。汉军的粮草不断被楚军抢走，让刘邦和谋臣们都非常头疼，但又无计可施。刘邦想到了议和的策略，希望能够以荥阳为界，将天下一分为二，和项羽各自为王。但这个提议并没有获得项羽的同意。

内外交困之时，刘邦想到了陈平，便向他请教。陈平对刘邦说："项羽这个人，为人猜忌信谗，他最得力的助手是亚父范增和钟离眛等人。可是每一次奖赏功臣的时候，项羽都舍不得爵位和封地，所以很多人不愿意为他卖命。如果大王舍得几万金，我就可以施展反间计，让他们君臣之间产生嫌隙，上下疑心，引起内讧。到那个时候我们就可以趁机反攻，最后将楚军击败了。"刘邦对于陈平的计策非常赞同，当即就给了他四万金。

利用手中的黄金，陈平收买了楚军的将士，让他们散布流言。一时之间，楚军中流言四起，人人都在传说钟离眛等大将辛苦了这么久，却没有享受到该有的待遇，楚王要是再不奖赏他们，恐怕这些大将都要投奔汉王了。谣言传到了钟离眜等人耳中，他们固然不信；项羽听到之后，却心生疑窦。从此，项羽将钟离眜等人排除在军机大事商议会议之外，连对范增都开始怀疑起来。为了确认这些信息可信度，他派遣了使者去汉营中探查。

刘邦听说项羽的使者要来，忙将这个消息告诉了陈平。楚营的使者来到汉营的时候，陈平故意派人拿出丰盛的食物来款待他们，可是见到使者的时候，他又故意做出一副惊讶的样子，低声和旁边的人议论道："本来以为是亚父范增的使者，没想到是楚王的使者。"说完，还让侍者将食物都收起来，只送上了粗茶淡饭。

受到这样的侮辱，使者非常气愤，将此事详细汇报给项羽。项羽听完，心中的疑云越来越重。范增根本不知道项羽已经开始怀疑自己，还忠心耿耿地为他出谋划策，数次劝说项羽赶紧夺取荥阳。可是项羽再也不听从范增的建议，反而不断冷落他，范增发现之后感到非常气愤，他悲愤地说："看来天下的格局已经可以确定了，请大王好自为之，我请求告老还乡。"

听了范增的话，项羽不仅没有悔悟，反而很高兴地顺水推舟，答应了范增的要求。范增只好唉声叹气地离开了。在归乡途中，他的背上生出一个痈疽，未等回到故乡彭城就病死了。直到此时，项羽才发现自己中了陈平的反间计，但是一切都已经晚了。

范增死去之后，项羽如同一只无头苍蝇，一直不知道自己该往哪个方向进攻，争霸的事业也开始走下坡路了。没用多久，刘邦就夺取了项羽的很多领地，最终逼得他四面楚歌，在乌江自刎。

谋略感悟

项羽的本性中有猜忌的缺点，而陈平正是利用他的这个缺点，让项羽心中生出了"暗鬼"，不再信任自己最得力的助手，这是项羽开始走向失败的第一步。巧施离间计之后，陈平除掉了范增和钟离眜，让楚汉之间的实力对比发生了翻天覆地的改变，也最终促成了刘邦一统天下的大业。

用巧计破吴军

杜预，字元凯，京兆杜陵人，是中国西晋时期著名的政治家、军事家和学者，他生于 222 年，卒于 285 年。

作为一个博学多才的学者，杜预时常说："立德，我恐怕做不到，立功和立言应该差不多吧！"在杜预的仕途发展过程中，他获得了朝野上下的不断好评，大家都叫他"杜武库"，称赞他无所不能。

晋武帝司马炎一直想要灭掉吴国，但是朝中大臣纷纷反对这个计划，只有杜预、羊祜、张华等人赞成，羊祜生病之后便举荐杜预来接替自己的位置，后来朝廷便任命杜预为镇南大将军，镇守荆州军事。

到任之后，杜预首先修缮了兵器库中的铠甲，让士兵个个都显得异常威武，军队士气获得了大幅提升。之后又挑选出精锐的士兵，暗中偷袭吴国西陵都督张政，并且取得了大胜。

张政是吴国的名将，他据守在咽喉要地，在毫无防备的情况下被杜预偷袭，这让张政感到非常羞耻。于是他没有向吴主孙皓汇报实际情况，而这又给杜预提供了机会。他原本就打算离间吴国的君臣关系，让君王和驻守边疆的大将之间产生嫌隙。果然，孙皓在听说张政居然隐瞒失败的消息后，立刻就召回了他，让刘宪代替张政的位置。

杜预的巧妙离间，让吴国的将帅之间出现一次大换血，这对于杜预来说是不小的成功。刘宪接手军队之后，由于不熟悉当地情况，使军队的战斗力锐减。杜预认为这又是一个进攻的好机会，便立刻请示晋武帝司马炎，建议他赶紧确立攻打吴国的日期。

司马炎在接到杜预的奏章之后，认为第二年才是进攻的好机会。杜预急忙又上了一份奏书说："现在讨伐东吴，就有八九成的把握。那些认为时机不到的人，只是不愿意出谋划策而已。如果丧失了这次机会，吴主孙皓也许会有别的计策，如果他们迁都武昌或者修缮了江南的城防，到时候就很难再次展开讨伐了。"

晋武帝在接到这份奏书的时候，正在和张华下棋，张华便对他说："现在我们国富民强，正是讨伐吴国的好机会，相信可以获得胜利。"司马炎思虑了一番，便同意了杜预的征伐计划。

杜预首先将军队布置在江陵，让周旨、伍巢等人率军突袭乐乡，然后又四面悬挂旗帜，放出烟火来扰乱东吴的军心。东吴都督孙歆非常惶恐，向伍延写信求救。而周旨、伍巢在乐乡城外的埋伏，也让孙歆在大败而归的时候更加狼狈不堪，直呼："晋军是飞过长江而来的！"

在孙歆逃跑的过程之中，周旨、伍巢暗中跟随，一直到军帐下才将他擒获，回到大营之时意气风发，士兵们都传唱着"以计代战，以一当万"的歌谣。

紧接着，晋军又紧逼江陵，东吴大将伍延向晋军诈降，暗中布阵防御。杜预识破了他的诡计，便顺势而为，平定了沅水、湘水以南地区，连交州、广州一带也一并收复。晋军势如破竹，长驱直入，吴国州郡都望风归降，奉上印绶。杜预手持符节，对归降的人们一一安抚。

在节节胜利的同时，晋国的将领们觉得应该暂缓进程，声称雨季即将到来，疫病也会大范围流行，所以最好等到冬天的时候再作打算。可是杜预坚持说："如今我们兵威已振，剩下的问题都会迎刃而解，正是打胜仗的好时机。"

在杜预的指挥下，晋军迅速占据了秣陵，所过城邑都被收服，证明他的决策完全正确。凯旋之日，晋武帝对杜预大加赞赏，晋爵当阳侯。

谋略感悟

上下同心对于战争的胜利非常重要，杜预对此有深刻的认识，所以他首先获得了晋武帝的支持，让自己的计划可以毫无阻拦地展开。

巧施反间计除劲敌

明朝末年，袁崇焕率军对抗皇太极的后金大军，与他展开了长年对峙，并获得了多次胜利。但由于魏忠贤等人的阻挠，袁崇焕处处受阻，最后不得不辞职归乡。

天启七年（1627），昏庸的明熹宗死去，明思宗朱由检即位，改年号为崇祯。明思宗查办了魏忠贤之后，朝中大臣纷纷建议召回袁崇焕。明思宗接受了这个建议，提拔袁崇焕担任兵部尚书，负责整个河北和辽东的军事。他问袁崇焕："接下来，你有什么打算吗？"袁崇焕答道："只要陛下给我指挥军队的权力、朝廷也可以配合我，不出五年的时间，我就可以夺回辽东。"

听到这一席慷慨陈词，明思宗非常激动，赐给袁崇焕一把尚方宝剑，准许他全权行事。

回到宁远之后，袁崇焕整顿军队，严明军纪，使士气大振。而皇太极看到袁崇焕日益强大，便决定改变路线，绕开锦州和宁远，从龙井关、大安口朝河北进发，打算直扑明朝的京都北京。

皇太极的行军布阵确实超出了袁崇焕的预计，他急忙出兵，希望在半路阻拦，却被后金军乘虚而入，直奔北京郊外。得到情报的袁崇焕心急如焚，连夜行军，赶到京郊和后金军展开了一番殊死搏斗。

对于后金军的忽然进攻，北京城中一片惶恐。大家手足无措，不知道该如何是好。听说袁崇焕赶到，明思宗才放下心来。可是魏忠贤余党对袁崇焕恨之入骨，不断散布谣言，声称此次后金兵之所以能够绕道进京，就是因为袁崇焕为他们让路，说不定其中还有阴谋。

明思宗疑心很重，听到谣言之后就开始怀疑。从后金军大营中逃回的太监也向他告密说："袁崇焕和皇太极已经订立了誓约，要出卖北京城！"

原来，这个太监被关押的时候，曾经听到两个后金兵的对话。一个说：

"今天咱们退下阵,完全是皇上(指皇太极)的指示。"另一个问:"这是怎么回事?"前一个人故作神秘地说:"刚才我看到有人从明军大营中来,说是袁将军派来的,他和皇上已经约定,大事即将告成了!"

这个太监听到这番话,大吃一惊,趁机溜出来之后就跑回皇宫汇报。明思宗听了他的话,也信以为真,根本没想到这都是皇太极的预先安排。

气急败坏的明思宗命令袁崇焕立刻进宫,责问他为什么要将后金兵引到北京来。袁崇焕来不及回答,就已经被捆绑起来,送进了大牢。

有的大臣知道袁崇焕为人耿直,不可能做出这种事,一再劝谏。可是明思宗拒绝所有人的奏章,第二年便下令杀死袁崇焕。

一个反间计,为皇太极除去了强劲的对手袁崇焕。他退兵回到盛京之后,后金的实力越来越强大。1635年,皇太极将女真改为满洲,第二年便在盛京称帝,改国号为清。皇太极死后被尊为清太宗,不能辨别忠奸的明思宗却成了被人耻笑的对象。

谋略感悟

自古以来,手握重兵的大将和皇帝之间都存在一种微妙的关系,彼此互相依存又互相防备。任用了将领,却又不信任他,是历代很多帝王犯过的错误。猜忌心极重的崇祯帝也有这个缺点,于是被皇太极利用,自毁长城,身死国灭。

退三舍避锋锐

春秋，是一个充满战火的时代，春秋五霸，在这二百余年的战争历史中，为后人留下了浓墨重彩的传奇往事。晋、楚两国堪称当时真正的王霸诸侯。而在晋楚两国的多次交锋中，最著名的就是晋楚城濮之战。

城濮之战的主角晋文公重耳的继位也是一个曲折的故事。重耳的父亲晋献公即位时，重耳已经 21 岁了。晋献公最宠爱的夫人骊姬为了让自己的儿子继承君位，经常向晋献公献谗言，多次陷害晋献公的其他儿子。公元前 664 年，也就是晋献公继位的第十三年，晋献公听从骊姬的挑拨，将重耳派到蒲城防备秦军。

晋献公二十一年（前 656），骊姬再设毒计，逼死了太子申生。重耳十分害怕，因此没向父亲辞行，便星夜返回蒲城去了。

晋献公二十二年（前 655），在骊姬的不断挑唆下，献公派人去杀害重耳。重耳得到消息，翻墙而逃。杀手在后面紧追不放，最危险的时候，仅差一步之遥就伤到了重耳。重耳在走投无路的情况下，只好带着身边的一帮人，历经千难万险，投奔他生母的故国——狄国。这一年，重耳 43 岁。

也许重耳自己也没有想到，他在狄国一住就是 12 年。12 年后，重耳再次开始了他的流亡生涯，奔波于那些肯收留他的诸侯国之间。大约在晋惠公十三年（前 638），穷困潦倒的重耳来到了楚国。

楚国是南方最大的诸侯国，当时的国君楚成王也是一位锐意进取的君主，他知道，要想向北扩充势力，就不可避免地受到来自晋国的阻力，和晋国搞好关系格外重要。所以，他对流亡楚国的重耳十分关照，以诸侯的礼节接待了重耳。

受惯了冷落的重耳对此受宠若惊。他的随从赵衰也说："您流亡在外十几年，连小国都轻视您，何况大国呢？如今楚作为大国如此款待您，您就不必谦让了。这是上天在保佑您啊！"

于是重耳以相应的宾客礼节会见楚成王。

楚成王对重耳始终待若上宾，一次，楚成王宴请重耳，席间，楚成王对重耳说道："假使有一天您返回故国，当上了国君，您将用什么来报答我呢？"重耳恭敬地说："美女和玉帛等物，您应有尽有；鸟羽、牛尾、象牙、犀角等珍奇，就产在您的土地上。我实在不知道用什么东西来报答您。"

楚成王再三追问。重耳想了一下说："有朝一日，如果我真能成为晋国国君，若晋楚两国失和，两国军队相会在战场上，我将退避三舍，以报您今日的恩德。"（古时候一日行三十里而宿，叫一舍。三舍就是三天的行军路程，即 90 里。）

重耳在楚国居住了几个月后，在秦国做人质的晋国太子圉从秦国逃亡，秦穆公因此怨恨太子圉，想扶植重耳，请他去秦国。楚成王说："秦国和晋国毗邻接界，秦君又贤明，您去了将来一定会有前途！"并备厚礼为重耳送行。

晋惠公十五年（前 636），晋惠公去世，晋国大乱。重耳在秦的支持下，趁着国家内乱，回到了晋国，当上了国君，即历史上赫赫有名的春秋五霸之一晋文公。这一年，重耳已经 62 岁了。

晋文公继位后，很快平息了内乱，扩充了国土，国力逐渐强盛。晋文公还注重发展生产，整顿吏治，训练军队，使晋国终于成了北方一大强国。

而楚国在楚庄王的努力经营下，势力范围已经到达黄河流域，隐隐有了称霸的架势。新兴起的晋国，只有向南发展，才能成就霸业。这就必然与楚国发生冲突。于是，两国之间的战争便不可避免了。

晋文公五年（前 632），晋楚两国的军队终于在营国相遇。以实力而论，楚强晋弱。战役伊始，晋文公就履行了自己当年"退避三舍"的诺言，命令晋军主动从曹（今山东定陶）退到卫国境内的城濮（今山东鄄城临濮集）。

晋文公退避三舍的做法，助长了楚军主将子玉自大的情绪，他口气轻蔑地给晋文公下了战书："我愿再次与您游戏一番。"

晋国的使者对此的回答是："我们国君还感念楚王的恩德。如果楚王不肯罢休的话，那就请你们准备好战车，整顿好军队，我们明天战场上见。"

晋军撤军后，楚国的将领们也纷纷主张撤军，但主将子玉认为这是晋军怯懦的表现，应当借此机会追击。于是他命令楚军出动追赶晋国军队，一直紧追到城濮，靠山扎下营寨。他一意孤行，甚至发誓说："不杀重耳不回师！"

子玉的无礼，让晋文公只能应战。他任命年轻有为、经验丰富的将领先轸为元帅。

晋文公的退避三舍不仅助长了子玉的嚣张气焰，也激起了晋国军队上下同仇敌忾的士气。两军开战，晋军上下一心，英勇作战。先轸用骄兵之计，佯装溃败，诱使楚军追赶。子玉果然上当，不顾一切地追赶晋军。

时机成熟，先轸下令鸣锣，楚军以为晋军要收兵，追杀得更紧，却没想到一队战车从右路突然杀出。楚军大败，将士四散奔逃，投降的也不计其数。

这样，晋军以退为进，打赢了城濮之战，这场春秋时期最著名的战役，遏制了楚军北上发展的势头，晋文公从此成就了霸业。

> **谋略感悟**
>
> 晋文公何其聪明也！晋文公在流亡时为感谢楚成王盛情款待，许下了"退避三舍"的诺言，几年后，当晋楚两军在战场上相遇时，真的让自己的军队后退了。晋军的后退，不但避开了楚军的锋锐，也践行了自己"退避三舍"的诺言。

陆逊先纵后取

三国初期，刘备手下大将关羽镇守荆州南部，他对北方的曹操采取了一系列的军事行动，几乎迫使曹操迁都。然而正当关羽春风得意之时，东吴大将吕蒙偷袭了荆州后方，俘获并杀害关羽。

荆州是刘备基业的起点，关羽是刘备最得力的干将之一。公元221年4月，刘备在成都称帝之后，以为关羽报仇为借口，决定大举伐吴，企图夺回荆州。刘备亲自率领几十万大军，掀起一场空前大战。当时，吴、蜀国界已向西移到巫山附近，长江三峡是吴蜀间的主要通道。刘备派大将吴班、冯习率领四万余人为前锋，夺取峡口，攻入吴境，直捣秭归。

东吴节节溃败，在危急存亡关头，吴王孙权力排众议，任命年轻的江陵陆逊为大都督，统率五万人马，对抗蜀军。次年正月，蜀国将领吴班、陈式的水军占领彝陵（今湖北宜昌东南），屯兵长江两岸。二月，刘备率主力进至猇亭，建立了大本营。

陆逊对蜀军的主力、士气、地形等方面的情况进行分析之后，认为刘备居高守险、锐气正盛，应当避其锋芒，等待时机破敌，因此拒绝了手下将领的请战。

在战略上，陆逊大胆地采取了撤退方略，一路顺江而下，最终占据了有利于己、不利于敌的夷道（今湖北宜都西，在长江南岸）。如此一来，吴军完全退出了高山地带，把兵力难以展开的五六百千米长的崇山峻岭让给了蜀军。陆逊坚守有利地形，转入防御，阻止蜀军前进。

蜀军依仗兵力优势，深入吴境五六百千米，从建平（今四川巫山）到夷陵设置了几十个军营。蜀军远离国境，孤军深入，只能迅速与吴军作战，否则消耗太大。刘备天天派人到阵前辱骂挑战，陆逊均置之不理。从正月到六月，任凭刘备如何挑衅，陆逊都坚守不出。

陆逊的坚守取得了显著成效，刘备的部队补给困难，士气低落。时值盛夏，南方暑气逼人，蜀军忍受着烈日暴晒，将士个个叫苦连天，斗志迅速涣散。刘备无可奈何，只得在陆上树林茂密的地方安营扎寨。

蛰伏了几个月的陆逊终于等到了反攻的时机。现在蜀军舍舟登岸，处处设营，兵力分散，部队疲劳，士气低落，正是出兵的绝佳时机。陆逊先派出小部兵力进行试探性进攻，最后制定了火攻的方略。公元 222 年 7 月的一天夜里，陆逊趁着夜色顺风放火，蜀军大乱。陆逊乘势发起反攻，迅速攻破蜀军四十余座营寨。蜀军土崩瓦解，死伤无数。刘备乘夜逃到白帝城，羞怒交加，一病不起。

谋略感悟

在对方的力量十分强大的势态下，陆逊以守为攻，通过大胆的退却，占据有利于己、不利于敌的地势，最终取得了战争的胜利。有时候，对很多事情，主动退让，纵其所为，然后伺机而动，便可大获全胜。

诸葛亮七擒孟获

诸葛亮作为智慧的化身，为华夏子孙留下了无数智慧瑰宝，其中最为后人津津乐道的，便是七擒孟获的故事。

公元223年，蜀汉皇帝刘备死后，南方少数民族部落纷纷发动叛乱。面对这种情况，丞相诸葛亮决定亲自出兵平息叛乱。

大军出发前，参军马谡对诸葛亮说："南方的少数民族倚仗地形险要，离都城又远，反复无常，早就不服朝廷管制了。即使我们用武力将他们征服，也不能根本解决问题，以后他们还是会闹事的。这次出兵攻心为上，攻城为下，心战为上，兵战次之。丞相这次南征，只有叫南人心服，才能使南方实现真正的长治久安。"诸葛亮深以为然。

诸葛亮知道孟获不但打仗勇猛，而且在南方各族中很有威望，是彻底收服他们的关键所在，于是下了一道"只许活捉孟获"的命令。

蜀汉军队和孟获交锋时，诸葛亮以骄兵之计，故意败下阵来。孟获倚仗人多，孤军追赶，很快就中了蜀军的埋伏，兵卒被打得四散溃逃，孟获也被活捉了。

孟获被俘，已经有了必死的决心。可没想到进了蜀军大营，诸葛亮立刻命人给他松了绑，好言好语劝说他归降。孟获心中不服，说："我一时疏忽，中了你的奸计，怎么能叫人心服？"

诸葛亮只是一笑了之，并不勉强他，并带他参观了蜀军的营垒和阵容，然后对孟获说："您看我们的人马怎么样？"孟获回答："以前我不了解你们的虚实，才有了今天的失败。今天承蒙您带我看了你们的阵势，也不过如此。像这样的阵势，要打赢你们也不难。"诸葛亮哈哈大笑，说："既然如此，我就放你回去，等你整顿好军队，我们再决胜负。"然后下令放了孟获。

孟获被释放以后，回到自己的部落，重整旗鼓，再次进攻蜀军。结果再次被诸葛亮智擒。诸葛亮问他是否肯归降，孟获不服，诸葛亮便第二次放了他。

连续两次释放敌军主将，蜀汉将士对诸葛亮的做法有些想不通。他们认为大家远涉而来，怎么能这么轻易放走敌人，但他们都相信诸葛亮作为主帅的判断。

孟获回到军中，重整旗鼓，他的弟弟孟优给他献了个计策，就是诈降之计。孟优带人来到汉营诈降，结果诸葛亮一眼就识破了他的计谋，便将计就计，以美酒招待孟优及其手下。夜半时分，孟获按计划前来劫营，却不料自投罗网，再次被诸葛亮捉住。这次，孟获是自投罗网，更加不服气，诸葛亮也不计较，第三次放他回去。

孟获回去后立刻着手整顿军队，蓄势待发。终于他等到了诸葛亮单独来到阵前探察地形的消息。孟获听后大喜，立刻带人赶去捉拿诸葛亮。不料这次他又中了诸葛亮的圈套，第四次成了瓮中之鳖。诸葛亮再次放了他。

这个时候，为了犒赏前方将士浴血奋战，蜀汉皇帝派马谡为使者到阵前犒军。诸葛亮问马谡怎样才能平定叛乱。马谡再一次强调了南方各族反复无常，必须令其心服才行。诸葛亮觉得这话十分有道理。

诸葛亮大败三洞元帅后，又布下伏兵，让王平、关索诱敌。二人假装战败，引孟获入峡谷，再由张嶷、张翼两路追赶，王平、关索回马夹攻。孟获抵挡不住，被魏延生擒活捉。

孟获不服，要与诸葛亮再战，若再被擒才服。诸葛亮便放他回去。

孟获在泸水扎寨，请两洞元帅相助，他怕中诸葛亮计谋，采取了以守为攻的战略，只守不战，要等天热后让蜀军自行退兵。

孟获为了报仇，借了十万牌刀獠丁军，来对付蜀军。孟获穿犀皮甲，骑赤毛牛。牌刀獠丁兵赤身裸体，涂着鬼脸，披头散发，朝蜀营扑来。面对这突如其来的大军，诸葛亮沉着应对，下令关闭寨门不战，等待时机。

所谓一鼓作气，再而衰，三而竭，等到孟获军队威势已减，诸葛亮突发奇兵夹击，一举击败孟获。孟获逃到一棵树下，见诸葛亮坐在车上，冲过去便要捉拿，不料陷入埋伏，反被擒获。孟获仍然不服，说假如能擒他七次，他才真心归附。于是诸葛亮第六次放他回去。

　　此时的孟获，已然被诸葛亮打得无路可退，只得请来乌戈国的藤甲军，与诸葛亮决战。藤甲兵是西南少数民族特有的军事装备，就是将树藤编的铠甲不断在油中浸泡，再在太阳下晾晒，使铠甲坚韧无比，刀枪不入。藤甲轻便，能浮在水面，还能做轻舟帮助藤甲兵迅速撤离。甫一交锋，蜀汉将士没有准备，吃了大亏。诸葛亮了解情况后，制订了周密的计划，用计将藤甲军诱入山谷，用藤甲的天敌——火攻破藤甲军，第七次擒住了孟获。

　　这一次，诸葛亮并没有像前六次那样接见孟获，而是令手下将领招待了孟获，说丞相羞于见他，命他回去重整人马，相约再战，然后直接放他回去。

　　孟获七次被擒，而七次被诸葛亮释放，这样的事情可谓前无古人，后无来者。孟获羞愧得无地自容，对诸葛亮的仁至义尽感恩不已。他遵守约定，投降了蜀汉。孟获跪在诸葛亮面前说："您真是天人，南人从此再不反叛。"

　　孟获回去后，以他在南方的影响力，劝服众部落归降诸葛亮。从此南方太平，百姓安居乐业，而这个物产丰富的地方也成为蜀汉强有力的大后方。

谋略感悟

　　诸葛亮七擒七纵，绝非感情用事，最终目的是在政治上利用孟获的影响，稳住南方，在地盘上，乘机扩大疆土。在这个故事中，诸葛亮审时度势，采用攻心之计，七擒七纵，将主动权握在自己的手上，最后达到目的。

石勒欲擒故纵

西晋末年，晋朝皇室之间爆发了争权夺利的"八王之乱"，少数民族矛盾也因为西晋统治者的错误政策而尖锐起来，天下大乱。羯族人石勒趁势而起，在征战中不断发展壮大，他优待汉族地主和汉族知识分子，开始为建立"后赵"政权积蓄力量。

石勒将攻击目标瞄准了西晋幽州刺史王浚。王浚在与石勒交战失败后，曾求助于鲜卑、乌桓人，但鲜卑、乌桓人没有响应。这时，石勒军师张宾分析了王浚兵势衰弱的境况，指出如果石勒采取"欲擒故纵"之计，表示归顺王浚，那他一定会喜出望外。因此，张宾建议石勒智取王浚，而不要硬拼。张宾要石勒给王浚写一封措辞谦恭的信，表示与他和好的诚意，并愿意隶属于他辅佐他当皇帝。等到王浚对石勒疏于防备时，再乘其麻痹一举消灭他的势力。石勒同意了张宾的建议，并且马上依计行事。

石勒派他的门客王子春、董肇等人带书信和许多珍宝去见王浚。王浚见石勒归顺于他十分高兴，把王子春等人封为列侯，并派使者以地方特产答谢石勒。王浚的司马游统阴谋叛变王浚，派使者骑马向石勒请降，石勒杀了使者，并送给王浚，以此表示自己的诚实无欺。王浚此时更加信任石勒，对他不再存有什么疑心。

不久，王子春等人与王浚的使者一同回来，石勒下令隐藏起强壮的精兵和武器，显示出仓库空虚且军队软弱的样子，面向北拜见王浚的使者，接受王浚的书信。王浚送给石勒拂尘，石勒装作不敢拿，把它挂在墙上，每天早晚都要敬拜这拂尘。石勒还派董肇向王浚上书，约定日期亲自到幽州去奉拜皇帝的尊号。王浚的使者回到幽州，陈述了石勒将寡兵弱和对王浚诚心不二的情况。王浚大喜，认为石勒确是可信任的。

石勒见王浚已相信了自己，便开始准备袭击王浚。314年，石勒发兵袭击幽州。石勒率领轻骑兵日夜兼程向幽州进发。石勒军到达易水时，王浚的督护孙纬立即派人给王浚送消息，请示准备抵抗。王浚对他们说："石公到这儿来，正是要拥戴我当皇帝的，谁再说抗击的话，立刻杀头！"于是，王浚设宴等待石勒的到来。石勒在早晨赶到蓟县，呵斥守城的人开门。石勒因怀疑城内有埋伏，就先驱赶几千头牛羊，声称是献给王浚的礼品，实际上是堵塞街巷，使王浚的军队不能出战。王浚这时才意识到大事不好，开始坐卧不宁了。石勒派手下抓住了王浚，将他送回襄国（石勒的都城，在今河北省邢台市西南）杀死。石勒占据了幽州，吞并了王浚的军队，为不久后自立赵王奠定了基础。

谋略感悟

　　石勒吞并王浚的过程，实际上就是欲擒故纵、连续用计的过程。石勒的门客王子春作为奸细，被石勒派往王浚营中，一方面投书结好王浚，一方面侦察王浚在幽州的政治、军事情况；石勒还以重金笼络收买了王浚的心腹枣嵩，由于石勒较成功地连续用计，使得王浚完全陷入了错误的认识与判断之中。

减灶杀庞涓

孙膑是战国时期齐国人，大军事家孙武的后代。孙膑早年曾和庞涓同窗，拜军事家鬼谷子为师，一同学习兵法。后来，庞涓出仕魏国，运用自己学到的军事知识，帮魏国打过不少胜仗，一时间声名显赫。然而，庞涓虽有军事才华，但为人阴险狭隘，他知道自己的军事才能远不如同门孙膑，便生出了除掉孙膑的险恶念头。

庞涓向魏王进言说，孙膑是个人才，魏王便把孙膑召到大梁做官。没过多久，庞涓便以卑鄙的伎俩诬告孙膑是齐国的间谍。魏王听信了庞涓的谗言，勃然大怒，将孙膑下狱，并残忍地挖掉了他的膝盖骨，还在他脸上刺了字。

孙膑九死一生，最终在朋友的帮助下逃离了大梁，来到齐国。齐国大将田忌很快发现了孙膑的军事才华，便把他推荐给了齐王。齐王见到孙膑，大有相见恨晚之感。但孙膑双腿残废，面上刺字，已经不可能登堂为将，齐王便封他为军师，在幕后运筹帷幄，统筹军队。

战国时期，诸侯之间纷争不已，终于有一天，比邻的齐国和魏国交锋，而孙膑和庞涓这对宿命的敌手，终于在战场上相遇了。

庞涓率领十万大军攻打韩国。韩国国力虚弱，只能向齐国求救。齐王派了大将田忌和军师孙膑领兵去救韩国。面对实力强于自己的魏军，田忌问计于孙膑。

孙膑说："魏军主力都在韩国，现在大梁很空虚。不如我们去攻打魏国的都城大梁。庞涓得到了这个消息，一定会回师救援。那时候，韩国的困境自然就解除了。而庞涓又是个非常自负的人，这一次我们就利用他这个弱点，来打败他。"

田忌深以为然，就和孙膑带领大军，直奔魏国的都城大梁。

庞涓在韩国一路捷报，却忽然得到大本营被袭的消息，而带兵的人恰恰是他十几年前陷害过的同门孙膑，惊慌之余急忙下令撤兵回国。庞涓赶回魏国时，齐军已经撤离了。气急败坏的庞涓立刻带兵追赶，却一无所获。傍晚来到齐军宿营过的地方，看见地上密密麻麻的灶坑，足足有十万个。这说明，这里曾经驻扎了十万人的军队。庞涓心中暗暗吃惊，没有想到齐军竟然有这么多人。

魏军又追了一天，依然没有追上齐军，再次查点灶坑时，只有五万个了，庞涓这才稍稍放心，命令魏军加紧追赶。

追到第三天傍晚，齐军留下的灶坑只剩下三万个，而且杂乱无章。

庞涓看到后，哈哈大笑，说："齐军的灶日减一半，说明他们的士兵逃跑了一大半，齐军已无斗志，不出三天，我们就能消灭齐军，活捉孙膑。"

庞涓一心想捉到孙膑，便把大队人马甩在后边，自己带着一队轻骑兵，拼命追赶齐军。其实，孙膑早就算定了庞涓的人马会在第三天黄昏赶到马陵，于是就在两边高山上埋下了伏兵。

庞涓领着轻骑兵追了一天，果然在黄昏时分到达了马陵。这个地方两边都是高山，中间夹着一条小路。路边和山上，到处都是树木和野草，形势很险要。庞涓到来时看到前边横七竖八地堆了很多砍倒的树木，堵死了道路，魏军只得下马搬木头。

夜幕降临，魏军的大队人马才赶到马陵。忽然，庞涓看到前面路边上还留着一棵大树没砍倒，树干上隐隐约约刻着几个大字。庞涓照着火把，只见上边写了几个字："庞涓死于此树下。"

庞涓当下大吃一惊，知道中了孙膑的计，转身想要逃时，只见两边山上火把通明，齐国的伏兵喊声震天，万箭齐发。魏国的人马顿时乱成一团，十万大军，全军溃败。庞涓见大势已去，引剑自刎。

这次战役就是历史上著名的马陵之战。

谋略感悟

孙膑乃是用计高手，成就了中国军事史上的经典战例——围魏救韩。孙膑先是向后撤退，用"逃兵减灶"的战术向庞涓示弱，给庞涓造成了齐军节节败退、兵散将逃的假象，用来欺骗敌人，然后出奇兵以制胜，真乃奇计。

出奇制胜入主关中

"明修栈道,暗度陈仓",是中国古代一种非常规的用兵之法,是一种军事谋略,在历史上曾有许多非常成功的战例,其中最著名的就是韩信兵出褒雍。

秦朝灭亡后,西楚霸王项羽占据了中原,独霸天下。他倚仗自己的强势,表面上恢复了周代的分封制度,为参加反秦战争的各路将领分封了土地,心中却计划着如何消灭这些诸侯势力,最终一统天下。

这些分封的将领中,势力最大、最令项羽不放心的就是刘邦。当初各路诸侯进攻秦都咸阳时约定,谁先攻下秦都咸阳,即为关中之王。结果,首先进入咸阳的就是刘邦。关中,是周、秦两代发祥地,不但物产丰富,军事工程也有强固的基础。项羽自然不愿意让刘邦称王关中,便故意把地处偏僻、蛮夷杂居的巴、蜀(今都在四川)和汉中(在今陕西西南山区)三个郡分给刘邦,并将通往汉中的三秦之地封给秦降将章邯、司马欣和董翳,将刘邦牢牢地困在偏僻的关中。项羽则自封为西楚霸王,占领长江中下游和淮河流域一带广大肥沃之地。

当时,刘邦的势力远不及项羽,只能忍气吞声,暂时领兵西进,开往南郑,并且接受张良的计策,把一路走过的几百里栈道全部烧毁。西南地区地势险峻,鲜有人迹,只能在悬崖上用木材架设通道,这就是栈道。刘邦烧毁了栈道,便是向项羽表示,他此生再不出汉中。刘邦此举在迷惑项羽的同时,也是为了加强汉中的防御。

刘邦以南郑为都,在这里,他找到了改变天下大势的军事天才——韩信。刘邦拜韩信为大将,筹备东出汉中,夺取天下。

夺取天下的第一步,当然就是打开东进的大门,夺取关中地区。为此,韩信建议刘邦派几百人重修栈道。消息传出后,守着关中西部的章邯不禁失笑:"只派几百个士兵,什么时候才能修完?"于是,他彻底解除了对刘邦的戒心。

刘邦麻痹了章邯,表面上派兵修复栈道,装作要从栈道出击的姿态,实际上统率主力部队,出其不意,暗度陈仓(在今陕西宝鸡市东),一举攻入了关中。章邯大惊失色,慌忙领兵抵抗,却为时已晚。章邯被迫自杀,驻守关中东部的司马欣和北部的董翳也相继投降,转瞬之间,关中的三秦地区便成了刘邦与项羽一争天下的大本营。

"明修栈道,暗度陈仓",刘邦通过张良、韩信两人的谋划,顺利入主关中,站稳脚跟,从此拉开了他开创汉王朝事业的帷幕。

谋略感悟

"明修栈道,暗度陈仓"在军事上的含义是:从正面迷惑敌人,用来掩盖自己的攻击路线,而从侧翼进行突然袭击。这是声东击西、出奇制胜的谋略。

以虚说虚之计

提起"空城计",人们总是不由自主地想到诸葛亮的空城退敌,殊不知历史上第一次运用空城退敌的是汉代的飞将军李广。

汉代,北方匈奴势力崛起,一度威胁中原汉王朝的统治,从汉初至汉武帝时期,汉王朝在与匈奴的对峙中都处于劣势。汉景帝在位时,匈奴大举入侵上郡(今陕西北部及内蒙古部分地区),汉景帝曾派一个宠信的宦官同李广一起统率和训练军队抗击匈奴。一次,这个宦官带领几十个骑兵出猎,路遇三名匈奴人骑士,于是便和他们开战。最终,这名宦官被匈奴人用箭射伤,带去的骑兵无一生还。宦官逃回去,对李广说了这件事。李广知道这三个匈奴人都是射箭高手,便决定亲自带兵去追赶这三个人。

李广等人追出几十里,便追上了匈奴人。李广命令部下左右散开,从两边包抄过去。李广善射,百发百中,他亲自弯弓,两箭射死了两个匈奴人,活捉了最后一个人。

李广带着俘虏正要返回的时候,只见远方尘土遮天蔽日,竟是几千匈奴骑兵飞奔而至。

远处的匈奴人马也发现了李广等人。匈奴将领素知汉人善用计谋,以为是汉军的诱敌深入计策,唯恐中了埋伏,便上山列开阵势,静观其变。

当时,李广只有一百人,如果逃走,一定会被几千匈奴人掩杀俘获。手下士卒无不惊慌失措,骑马就要逃跑。李广阻止了他们,说:"别怕,既然匈奴人远远观望,不但不攻击,反而防御,说明他们并不知道我们的虚实。现在我们离开大军已经有好几十里路,如果慌张逃窜,他们一定会追赶,到时候他们放箭,我们就无处可逃。可如果我们留下来不走,敌人肯定会认为我们在施诱兵之计,必定不敢贸然来攻击我们,我们再伺机行事。"

接着,李广气定神闲,命令部下士卒非但不能后退,还要向前进发。直到在离开匈奴阵地约二里远的地方才停了下来。

这时，李广命令士兵们下马，卸下马鞍。

士卒们听到这个命令大惊失色，一个骑兵认为："敌人兵力是我们的几十倍，又离我们这么近，一个冲锋便到我们面前。我们在这个时候卸下马鞍，实在太危险了。"

李广说："敌人原以为我们会退走，却料不到我们居然卸下马鞍，这样他们就更相信我们确是诱敌的骑兵了。"

部下听了李广的话，提心吊胆地卸下马鞍。李广便带领大家躺在地上休息。

果然，匈奴看到他们如此悠闲地休息，更加确信他们就是诱己的骑兵，都不敢轻举妄动、贸然攻击。

正在相持之时，一名匈奴将领出阵靠近他，打探虚实。李广飞身上马，率领十几个骑兵，向那个匈奴将领冲去。李广再显神射之威，一箭射死那匈奴将领，返身回到队伍，重新卸下马鞍继续休息。夜幕降临，匈奴人还是不知道李广他们的目的，心中疑惑万分，最终也不敢发动攻击。到了半夜，匈奴人更加疑惑，害怕汉军发动突然袭击，数千骑兵竟然悄悄撤离了。

第二天清晨，李广和他的部下安然返回了军营。

谋略感悟

"以虚说虚"这一谋略告诉人们，本质上我方是虚弱的，但利用假象可以让对方误认为我方是强大的，或者有充分准备的，使对方不敢轻举妄动攻击我方。

第四章 军事卷

巧布疑兵退敌军

东汉丧失了西汉帝国的铁血豪情之后，经常被西北的羌人"欺负"。公元115年，掌权的邓太后再也不能"睁一只眼，闭一只眼"了，决定任命有将帅之才的虞诩为西北重镇武都的太守，前去遏制越来越嚣张的羌人。

一直满怀报国热情的虞诩欣然领军赴任，而彪悍的羌人对虞诩显然也抱有极大的"热情"。在虞诩赴任的途中，羌人就按捺不住了，决定抢先下手，迅速派出大军到陈仓、崤谷一带进行阻截。面对为数不少的羌人，还在途中的虞诩并不愿意发生正面战事。到了陈仓，虞诩按兵不动，让军队驻地休养，并且放出风声要向首都洛阳请求增加大批援兵。一看这架势，深入汉地的羌人也心慌了，可是来都来了，不能空手而归。于是，羌人决定看看形势再说，先分兵掠夺周边的几个县，捞点油水。

趁着羌人抢掠之机，虞诩旋即让士兵急行军，日夜兼程地赶往武都，一日要行一百里。这时候，士兵们出现了怨言，更让他们不解的是，虞诩还命令士兵每人第一天造两个灶，以后每天增加一灶。士兵们不解其故，都有些情绪，于是集体到虞诩的帐前询问其故。虞诩淡淡一笑，耐心地解释道："那么多羌人来堵截我们，而我们就这点兵力。疲乏的行军在途中就进行战斗，我们都没做好准备，因此只能迷惑敌人。一旦我们行军速度慢下来，敌人就会追上来，到时候敌军就会发现我们的底细，我们就会吃大亏。而我们急行军后，敌人短时间内很难分清我们的行进路线，也就不敢贸然追踪。"士兵们点头称是，于是又问增加灶的数量的原因。虞诩大笑起来，朗声说："这样做也是为了迷惑敌人。敌人一贯喜欢根据灶的数量来推测军队士兵的数量。你们想一想，如果我们每天的灶都在增加的话，敌人就会以为我们的援兵越来越多，这样就不敢贸然跟我们交战。历史上，孙膑就曾经通过'减灶'来迷惑敌人，现在我们通过'增灶'同样可以迷惑敌人，让敌人不了解我们的真正实力。"士兵们深为叹服，都自愿依计行事。果真，羌人没敢再进行堵截。

到达了武都，这时候的虞诩兵力还不足三千人，而羌人的兵力有一万多人。面对这种局面，虞诩知道硬拼是不会有好结果的，不战而退敌是上策，然而让虎视眈眈的羌人自动离去谈何容易。不过，有一点虞诩是很清楚的：对于彪悍的羌人，只能用更彪悍的姿态和实力才能震慑住他们。那时，羌人才有可能投鼠忌器，不敢轻举妄动。

终于，虞诩心生一计，他想在虚实之间再次"放大"自己军队的实力。

虞诩迅速集合武都城内所有士兵，让他们列出威武的队形，穿上统一的军装，声势浩大地巡城。军队从武都的东门出城，然后再从武都的北门进城。在这个过程中，虞诩玩了一个小小的"把戏"：他让士兵们在中途再统一换上新的军装，这样，来来回回走了几次。这番举动，一下子把暗中窥视的羌人弄傻了眼。羌人觉得这一次汉军数量实在太多了，于是决定放弃武都，撤兵回朝。

从此，虞诩声名大噪，朝野上下都对其尊崇有加。

谋略感悟

历史上巧布疑兵的战例不少，它们一个重要的特点就是隐藏自己的实力，使敌人不敢贸然进攻。敌人越是摸不清自己的底细，就越不敢轻举妄动。在敌人形成了强大的心理负担之后，己方往往能够出奇制胜，甚至不战而屈人之兵。

孔明巧布空城计

228年,诸葛亮出兵伐魏,南安、安定、天水三城守将望风而降。此后,在军事要地街亭的防守中,诸葛亮起用了智谋过人,但缺少实战经验的马谡。结果,马谡只知照搬兵书教条,不听从部下的正确建议,最终战败,失了街亭。战后,诸葛亮挥泪斩马谡,并且自贬三级。

此战的后果严重,不但使蜀国损失了智谋之士,更重要的是,魏国在原本防守空虚的西线部署了更多的兵力,使蜀汉从此失去了奇袭魏地的机会,此后诸葛亮伐魏再也没有建树。街亭失守之后,蜀国元气大伤,再也难以发动大规模的正面战争,由攻势进入了守势。诸葛亮心情也极度低落,常常自责:"这一切都是我的错啊,现在大势已去了!"更让诸葛亮担心的是,损兵折将的蜀军随时有可能被气势正盛的魏军截断退路,导致全军覆没。

为了保存实力、避免更大损失,诸葛亮强忍着痛苦,冷静地布置撤军。诸葛亮先把小将关兴、张苞叫到帐中,吩咐道:"我现在只能给你们每人二千人马,不要求你们杀敌,只要能拖延、震慑敌人就好。你们埋伏在武功山小路的两侧,一旦魏军前来袭击,你们不要迎战,只要大声击鼓呐喊,吓退敌军就算达到目的。之后,你们就取道阳平关,撤兵回国。"关兴、张苞领命而去。紧接着,诸葛亮又把张冀叫来,神色严肃地说:"我给你些人马,你率领他们抢修出剑阁通道,一定要快,为大队人马撤退做好准备。"张冀郑重地点点头,带领人马飞奔剑阁通道。这时,诸葛亮的心绪基本平静下来,他又传令下去:各路大军悄悄收拾行装,即刻撤退。

一切布置停当,诸葛亮长舒了一口气。他命令驻城守军整理行装,准备撤离。正在这时,忽然有十几匹马飞奔入城,原来是前方负责侦察的士兵回来了。他们带回来一个致命的消息:魏国司马懿率领十五万大军,已杀向西城,直扑城下。

顿时，城中的大小官员惊慌失措，吓得面无血色。这些留在城中的官员基本是文官，平时出个谋、划个策尚可，如今要直面十五万大军，让他们领军交战，实在是难为他们，而且城中的两千多人马都是老弱病残，没有什么战斗力。选择逃跑，显然也不明智。因为沿途道路狭窄，唯一的西城大道又被司马懿占了。而且大军的行李很多，车辆却很少，负荷行军的话，不出几里，就会被司马懿的大军赶上。

战也不是，逃也不成，众人都处于一片悲戚之中。诸葛亮带着几个人登上了城楼往外看，果见西北方向尘土飞扬，铁蹄声由远及近地传来，震得地面发颤，魏军的旗帜已隐约可见。

沉吟片刻，诸葛亮传令下去：把城中所有旗帜都藏起来，城中所有的士兵也要藏起来，不允许一个人乱动乱叫，违令者立斩不赦。似乎觉得这个命令还不够彻底，诸葛亮再次传令：城中四个门都要大开，每个门前，都派出20名士兵乔装成百姓，洒水扫地，做出静候大军的姿态。即使魏军冲到城前，也不能惊慌，一切如故。

众人都非常错愕，满脸疑惑。诸葛亮平静地说："诸位不必惊慌，不用怀疑，我已有退敌之计。"说完，他带着两个童子登上城楼，一个童子抱着一张琴、一把宝剑，另一个童子抱着一只香炉、一把麈尾。立定，诸葛亮让两位童子放下琴、炉，他亲自弯身点燃了香。然后，诸葛亮倚着楼上的栏杆坐了下来，闭上眼睛，调理气息。一会儿，他又慢慢睁开了眼睛，遥望着西北方，双手轻抬，怡然自得地弹起琴来。琴声悠扬，如同燃香之烟，似断还续，袅袅而生。

转眼间，司马懿的大军已来到西城下。这次，来的是先锋部队，他们显然是没见过这种阵势：欲攻之城居然不设防，而且城门大开，还有人洒水欢迎，楼上还有主帅在悠闲地弹琴。这都把他们弄糊涂了，急忙向主帅司马懿汇报。

司马懿听了，也迟疑起来。他不相信诸葛亮会不领兵迎敌，反而悠闲地在城头弹琴。于是，他命令军队原地待命，自己则带来少许人马奔到西城下，默默观望，以判断形势。

果然，诸葛亮端坐在城楼上，似乎沉浸在自己所奏的琴音中。两名童子立于诸葛亮的两侧，一名童子手捧一把宝剑，另一名童子拿着一把麈尾。西城门口处，二十几个"普通"百姓正有条不紊地洒水扫街。

司马懿凝然思虑良久，也没看出什么破绽。其子司马师忍不住了，高声说："父亲，别耽误时机了，诸葛亮在故弄玄虚呢，这分明是一座空城。天赐良机，我们杀入城中，活捉诸葛亮！"将士们也纷纷请求攻城。司马懿没有理会他们，只是摇摇头，仍然静静聆听。忽然，他紧张起来，神色突变，急忙下令："集合部队，马上撤退。"众将士不解，纳闷出了什么事情。司马懿没有闲情解释，怒道："执行军令，立刻撤退，违令者斩！"三军将士只好撤退。

直到远离了西城，司马懿才缓过劲来，向众将解释："诸葛亮和我是老对手了，我们俩都深知对方。孔明一生谨慎，从不做没有把握的事情，现在他把城门打开，让我们能看出是一座空城。这肯定是个骗局，引诱我军深入，然后进行歼灭。城里面，不知道埋伏了多少我们根本不知道的重兵。"

司马师接着问："父亲，您刚才一直静立凝听，没有什么表示，怎么突然之间，就要撤军呢？"司马懿颇有些自得，笑道："统帅之才，必须善于观察周遭瞬息变化。我刚才听诸葛亮弹琴，起先是一派平和，反映出个人性情修养。后来，琴音突然激昂奋力起来，勇猛之气让人胆战，渗透出浓浓杀机，这必是诸葛亮想要下手的表示。我们再不走，就要被他合围，四面受敌了。"

一番分析，众将大多点头称是，但仍有半信半疑的。司马懿大军仍在前行，正好进入武功山，猛听得山上杀声震天，鼓声动地。众将大惊，司马懿说："幸亏刚才撤退及时，否则，我们早就中计了。"武功山的山谷本来就深，喊杀声长久在谷中回荡，互相应和，似乎漫山遍野都是蜀国士兵。魏军军心大乱，急忙丢掉辎重粮草，仓皇而逃。张苞、关兴依照诸葛亮的计策，并不追赶，只是收拾起魏军留下的粮草，迅速往蜀国方向撤退。

再说城中的诸葛亮，见司马懿大军撤去，长吁了一口气，用手轻拭了额上的冷汗，默默地坐了一会儿。

俄而，诸葛亮淡然一笑，说："兵法中讲'知彼知己，百战不殆'。司马懿确实是了解我的,他知道我一生谨慎,从不冒险。今天,他看到一座空城,就以为我是骗他入城,他反而撤军而去。其实,我也深知司马懿的确清楚我的一贯作风,所以就借用了他的这种心理,布下了这个迷局。我这也是知己知彼才敢这么做的。若是司马昭或曹操带兵,我就不会这么做了。"众人无不称道。

谋略感悟

> 守城之时,诸葛亮在"迎敌"和"撤退"都行不通时,大胆开城,索性不设防。虽然冒险,但是他吃透了司马懿多疑的特点,也深知其对自己非常了解。这需要胆量,更需要知己知彼。

破釜沉舟

秦朝末年，由于施政残暴、不得民心，各路英雄纷纷揭竿而起，反对暴秦，自立为王。其中，项羽就是一名出色的将领。

不过，秦朝军队也并非不堪一击。秦将章邯曾经打败过项羽的叔叔项梁率领的楚军，自认为楚军没什么可怕的。接下来，他又开始攻打赵王赵歇。赵军也抵御不了章邯的进攻，一直退到巨鹿这个地方。章邯派手下的王离率军将巨鹿重重包围，自己则率其他军队驻扎在距离巨鹿不远的地方，并修筑通道，为王离的军队输送粮草。

被困在巨鹿的赵军毫无办法，只能乞救于援军。这个时候，赵国将领陈余率军驻扎在巨鹿以北地方，但由于人数远远少于秦军，不敢轻举妄动。而楚国的楚怀王也收到了赵王的求援信，于是派宋义为上将军，项羽、范增为将，前去巨鹿救赵。

宋义率领的楚军浩浩荡荡地出发了，一直来到安阳（今山东省曹县东），却突然停了下来，一停就是40多天。军中战士都很奇怪，不是说去救赵吗，怎么停下来不走了？但因为这是主帅宋义的命令，大家也不敢多说什么。

原来，宋义是个懦弱之人，看到秦军的阵势，不敢前去作战，因此想在这儿拖延时间，等秦、赵厮杀有了结果，再坐收渔翁之利。项羽明白了宋义的想法后，不由得怒火中烧。项羽一向是个脾气火暴、敢作敢为的人，不像宋义这样精于算计。他看着每天悠闲自乐的宋义，觉得宋义真是个窝囊废，怎么配领导一支军队？而且，宋义看出了项羽对自己不满，还下达了一道军令：违背自己命令的人一律杀无赦。于是，项羽逐渐萌生了杀掉宋义取而代之的念头。

这时，正好机会来了。齐国聘请宋义的儿子宋襄到齐国出任国务大臣。宋义很高兴，亲自前往楚国和齐国的边境无盐县去给儿子送行。军队正在战时，主帅却忙着办私事，这让楚军内部也滋生了很多不满。

于是，项羽趁这个机会召集军中将领们开会，声讨宋义。他对将士们说："现在赵国形势危急，急需各国救援，我军却停滞不前。现在天气恶劣，粮草供应不足，我们要是一直待在这儿，早晚要饿死。不如立刻渡过黄河，靠赵军的粮草补给，这样才是上策。宋义身为主帅，不能体恤士卒，反而忙着自己的私事，这样的统帅不是国家的忠臣。"项羽的话得到了众多将领的支持。

第二天，项羽来到宋义的军帐中假装拜见宋义，趁机将其斩首。出来后，他假借楚怀王的命令宣布："宋义与齐国串通谋反，怀王令我秘密杀掉他。"在场的没有人敢说什么，一致拥护项羽接替宋义，代理上将军。楚怀王知道这件事后，也不好说什么，只得顺水推舟地正式任命项羽为上将军，率领军队前去救援赵军。

项羽的行事风格与宋义截然不同。他掌握军权后，马上积极部署救赵方案。他首先派英布、蒲将军率两万楚军渡过漳河，对章邯带领的秦军后援部队发起进攻，切断了章邯与王离之间的联系。接下来，项羽要率领其他部队渡河。

这时候，项羽突然下达了一个奇怪的命令。他下令每名士兵带足三天的口粮，并砸碎所有行军做饭用的锅。大家都愣住了，没有锅，以后怎么做饭？吃什么呢？项羽镇定地对将士们解释道："没有锅，我们的行动会更轻便、更迅速。而且，等我们打败了秦军，就用他们的锅来做饭吧！"大家听了，都激发起战斗的热情。大军很快渡过了漳河。这时，项羽又命令士兵们把渡河用的船全部砸毁，沉到河底。这是让士兵们知道，他们没有后路可退，必须前进。不是赢，就是死！

在这种激励下，楚军士气大涨，个个奋勇拼杀，很快就与王离的军队展开恶战。经过艰苦的战斗，楚军以少胜多，打败了秦军。王离被俘，章邯退兵，本想向朝廷求援，但秦廷被赵高把持，不愿出兵。章邯走投无路，最终向项羽投降。

谋略感悟

"破釜沉舟"的核心思想就是不给自己留退路。当人们知道自己只能向前、不能后退的时候，往往会激发出自己都难以想象的战斗力。巨鹿之战是中国历史上一场著名的以少胜多的战役，这种胜利正是凭借"没有退路"的信念支撑起来的。

背水一战

公元前204年，韩信率领几万大军要通过太行山区的井陉（今河北西部）。赵国听到这个消息，准备与韩信来一场大战，于是布置了二十万兵力在井陉关的隘口。

当时，赵国的主帅是陈余。赵国的广武君李左车了解韩信的实力，赵军如果与韩信正面作战，恐怕没什么胜算，只有避其锋芒，以巧制胜。他知道，井陉关的道路非常狭窄，无法同时通过两个骑兵，而汉军长途跋涉，粮草在队伍的后部。于是，他向陈余建议，用三万人抄小路拦截韩信的粮车，断其粮草，其他部队则挖战壕、筑营垒，固守不出，让韩信的军队进退两难，不战而败。

李左车的这个建议其实是对的，但骄傲自大的陈余不以为然。他傲慢地对李左车说："韩信虽然号称有几万大军，我看实际上不过几千人而已。况且他们已经走了这么久，早就疲惫不堪了。如果我们不和他们打，不趁机消灭他们，不但给自己留下后患，还会被其他诸侯笑话，让他们觉得我们太软弱，也会来欺负我们了。"于是，他没有听从李左车的建议，坚持要等韩信的军队来，双方决一死战。

快要来到井陉关时，韩信知道赵军就在前方，于是派人前去刺探军情。探子回来报告，说了李左车的建议，也说了陈余并没有听李左车的话。韩信这才放下心来，命令军队继续前进，在距离井陉关不远的地方驻扎了下来。

韩信挑选了两千名轻骑兵，给他们每人发了一面红色的军旗，让他们悄悄绕到赵军的营地附近，并告诉他们，等到赵军出击的时候，就立刻冲进去把赵军的旗帜换成这面军旗。

估摸着这些骑兵差不多就位了，韩信便开始面向赵军摆出作战的阵势。他的军队背朝河水、面向大山，前方是一条狭隘的山道。陈余看到这阵势，更加轻敌，觉得韩信徒有虚名，其实不过如此。

天亮后，韩信正式下令前进。赵军正面迎战，双方不相上下地胶着了一会儿，韩信的军队假装落败，朝后退去。赵军不依不饶地追了出去。这时，那两千名骑兵立刻冲进赵军营地，按照计划将赵军的军旗全部拔掉，换上自己手中的旗帜。

这时，韩信的军队退着退着，已经来到河边，无路可退了。在韩信的激励下，他们一个个摒弃杂念、拼死战斗，赵军一时攻不下来。过了许久，赵军想要先回营整顿一下再战。可是，等他们回过头，却大吃一惊，原来自己的军营中插满了敌人的旗帜，难道自己的大本营已经被占领了？赵军一时心慌意乱，无心恋战。韩信的军队见此情形，拼杀得更为英勇，最终大败赵军，杀了陈余。

事后，有人问韩信："按照兵法，作战往往要背山临水，将军您却正好相反，背着水面朝山，这是为什么？"韩信不慌不忙地解释道："兵法上还有一条，作战时必须让军队处于险境，士兵们才能无所畏惧、奋勇作战，最终获胜。否则，遇到危险还有退路，恐怕许多人就会逃走了。"大家听了，都很佩服韩信的智慧。

谋略感悟

韩信背水列阵，何其慷慨悲歌？背水一战，韩信充分调动了全体将士的斗志，不成功则成仁。俗世中人，谁会把自己逼到那份儿上，主动找苦吃？但是，历来成就大事的人物，大都具有这样的品质。

撤围诱敌

东汉末年，爆发了一场农民起义，史称"黄巾起义"，给当时的朝廷带来很大威胁。朝廷派朱儁去围剿，将黄巾军逼到宛城。

当时，黄巾军在赵弘、韩忠的领导下据城固守。朝廷军队来到宛城，赵弘让韩忠出来应战，朱儁则派刘备、关羽、张飞三人攻打宛城的西南角，一时间战鼓如雷，杀气漫天。看到敌人往西南方向去，韩忠也连忙带着黄巾军的精锐部队赶往西南。刘备率军与韩忠鏖战，从早上一直打到中午，双方不分胜负，谁也不后退。

战争正在胶着阶段，朱儁却悄悄带着两千名骑兵，直奔宛城的东北角，与刘备对黄巾军形成前后夹击之势。韩忠见势不妙，急忙放弃西南城，率军往东北方向杀回。刘备则在后面紧追不放，韩忠军大败，逃回城内。

看到敌军败退，朱儁没有放松，而是立刻派兵将宛城四面围住，断绝了通往城中的运粮通道，没过几天，城中就断粮了。人是铁饭是钢，没了吃的，黄巾军的士兵们坚持不住了，韩忠无可奈何，只好出城投降。

刘备看到敌人投降，很高兴，带着韩忠去见朱儁。没想到，朱儁却不接受韩忠的投降，坚持要两军作战，分出个你死我活。刘备很纳闷，问："当年高祖刘邦之所以能得天下，有很大一部分原因是他经常接纳投降者和归顺者，逐渐壮大自己的声势。您为什么不用这个办法？"朱儁微微一笑，回答道："刘兄此言差矣，现在和高祖打天下那会儿已经不同了。当年秦朝没落、天下大乱，整个国家没有一个固定的君主，人民也都在观望。所以聪明的首领接纳投降者，还给予奖赏，这是为了吸引其他人也来投降。而现在，海内一统，都是汉室天下，只有黄巾军造反。如果接受他们的投降，不会对其他人树立什么模范，只会让造反者们得到好处，要么恣意劫掠，要么快要失败时就赶紧投降，这是长他们的威风。"

刘备听了，觉得也有道理，点头称是。不过，黄巾军坚守城内，双方僵持下去，也不是办法。于是，他灵机一动，又想出一个办法，对朱儁建议说："看来我们是不能让他们投降，不过现在我们把对方死死包围，他们乞降不得，肯定要拼死一搏。人要是不怕死了，力量是很可怕的，我们必须想办法。我有一个计策，我们不如撤掉东南方的兵力，做出只在西北方攻打的假象。对方看到了，肯定会朝着东南方逃走，到时候我们再去围堵，敌人就等着束手就擒吧。"朱儁听了，认为是妙计，连呼"高见"。于是马上按照刘备的建议，撤去东南方的军队，主攻西北。

果然不出刘备所料，韩忠带领军队朝着东南方突围。这时，朱儁亲自带领部队往东南方围堵，对方没有料到中了埋伏，一时大乱。韩忠被射死，失去首领的黄巾军如同一盘散沙，四散溃败。

谋略感悟

"利而诱之"出自古代军事家孙武所著的《孙子兵法》。在双方交战中，往往会用到这一计谋。刘备撤去一部分包围，让黄巾军误以为有利可图，有了一条生路，因此放松警惕，最终成为瓮中之鳖。这就很好地利用了这一计策。

诈死诱曹

赤壁之战，蜀吴联合大败曹军，打了一场漂亮仗。吴国大将周瑜也想趁热打铁，巩固战果，于是率军北上，准备夺取曹操占领的南郡。当时，南郡由曹操手下的曹仁守备。曹仁早闻周瑜大名，对于战胜吴军实在没有把握。不过他并不慌张，原来，他手中握有一个曹操留下的锦囊，里面写着如何守卫南郡。

不久，周瑜率领的军队就杀到了南郡城下。形势危急，曹仁急忙拆开锦囊，读完之后，心中就有了底。于是，他下令三路曹军在深夜撤到城外，与此同时，在城墙上插满曹军的军旗。

周瑜一直在观察曹军的动静。他看到曹军悄悄撤出城，城墙上插满旗帜，但并没有士兵，便以为曹军已经弃城逃走，插旗只不过是虚张声势、吓唬吴军。于是，他下令吴军奋力发起冲锋，不听到退兵号不得后退，自己亲自率军，准备夺城。

战鼓敲响后，曹、吴两军分派大将交手。曹仁、周瑜等都亲自上阵挑战。交锋中，曹军连连败退，周瑜命令军队追击，一直追到南郡城下。只见曹军并没有进城，而是朝西北方向逃去。周瑜派一支部队前去追击，自己则留在南郡城下，打量了一番。只见城门大开，一个曹兵的影子也看不见。周瑜料定曹军已弃城，于是带领兵马大摇大摆地走了进去，准备占据此地。

突然，城墙两边箭如雨下，朝着东吴军队密集地射来。原来，城中并非无曹军，而是早就埋伏好，等着周瑜进来。东吴军队一时乱作一团，许多人掉进曹军挖好的陷阱里，周瑜自己也中了一箭，翻身落马。幸好有副将相救，才没被活捉。

周瑜在乱军之中被救回营地，想到中了曹军之计，心中便愤怒不已，茶不思、饭不想，一心想着如何报仇雪恨。

在周瑜养伤的这段时间，曹仁返回南郡，并在吴军不远处驻扎下兵马，每天派人到周瑜营前叫骂挑战。听到敌人的挑衅，周瑜往往忍住不发。可是，有一天，曹军又来骂战，周瑜突然一反常态，不顾自己的伤还没有痊愈，穿上战袍、骑上战马，就要出去迎战。周围人赶紧劝阻，可周瑜就是不听，骑着马就冲了出去。

看到周瑜重新出现在战场上，不仅吴军的士兵目瞪口呆，曹军也突然不知所措，叫骂的士兵也一下子住了嘴。曹仁虽然也没想到周瑜会真的出来应战，但事已至此，他也不能后退，于是号令军队，准备与吴军大战一场。

突然，令人瞠目的一幕又发生了。双方还没正式开战，周瑜突然哀叫一声，从马上跌落下来，而且口吐鲜血。曹仁趁机号令冲杀，两军混战，吴军将领赶紧护住周瑜，把他救回营帐。

吴将程普放心不下周瑜，问他身体究竟怎么样。周瑜这才悄悄告诉程普："其实我的病情早已没那么严重，刚才吐血坠马，是故意做给曹军看的，让他们对我军放松警惕。然后，你们可以放话说我已经死了，曹军听到，一定会来偷袭，到时候我们布下伏兵，将其一举消灭。"程普听了，不禁拍手称妙。于是，在军中传令，说周瑜箭伤复发，已经去世，令全军穿戴白色孝衣。

其实，曹仁那天看到周瑜吐血，心里已经觉得他活不了太久了。这时，突然有人来报，说有十几个吴军士兵前来投降。曹仁让他们进来，士兵们说，周瑜吐血坠马的当天，回到营寨就不行了，吴军现在正忙着办丧事，他们觉得吴军大势已去，所以来投降。

其实，这几个士兵是程普故意派去迷惑曹仁的。果然，曹仁听了大喜，立刻整顿军队，在夜里出城准备偷袭吴军。来到吴军营中，只见四周静悄悄的，一点儿动静也没有。曹仁走着走着，渐渐觉得不对劲了。当他意识到可能有埋伏时，四周突然杀声震天响，吴军兵分四路，向曹军杀来。曹军准备不及，很快就溃败了。曹仁带领十几名骑兵好不容易冲出包围圈，在南郡城附近又遭到吴军拦截，只得逃往襄阳。

谋略感悟

周瑜诈死之所以能迷惑曹军，正是有之前中埋伏受伤来做铺垫，再加上曹军日日挑衅，让"旧伤复发"显得令人信服，也造成曹军麻痹大意。因此，要诱惑敌人，一定要把诱饵做得足以迷惑人，让对方觉得真实可信，这是十分关键的。

诸葛斗司马

刘备去世之后，诸葛亮为了完成他的遗愿，无时无刻不在寻找复兴汉室的机会。蜀汉后主建兴十二年（234），诸葛亮率领三十四万大军，兵分五路讨伐魏国。魏汉明帝曹叡便任命司马懿为大都督，领兵四十万在渭水岸边迎战诸葛亮。

司马懿与诸葛亮是老对手了，他们深知对方的厉害，为了取得这场战争的胜利，两个人在战前都作了精心且周密的部署。

诸葛亮利用祁山的地形优势，在山下设前、后、左、右、中五个大营，然后呈"一"字驻扎十四个大营，向渭水南岸延伸，军队前后接应以应对魏军。司马懿则是将军队驻扎在渭水的北岸，同时，在渭水架起九座浮桥，直通南岸。他令夏侯霸、夏侯威两人为先锋，率领五万精兵越过浮桥，在渭水南岸扎营，并在大营的后方——东原筑起一城。在魏军看来，这样的布阵进可攻、退可守，是个很不错的选择。

因为蜀军是远征，所以军中的粮草并不充足，面对粮草充足、以逸待劳的魏军，诸葛亮的策略是：诱敌出战，以求速战速决。

司马懿在领兵出发之前，魏明帝曹叡曾交代他："到了渭水岸边，千万不要急着和诸葛亮交战。诸葛亮见你坚守阵地不着急进攻，一定会佯装退兵，实际是在引诱你领军深入和你决战，这时，你不要理睬他，和他僵持数月就可以了，到那时，他们的粮草用尽，一定会撤退，这时你再乘胜追击，就可以大获全胜了。"

司马懿是何等人？他不仅老谋深算，而且沉着谨慎，他看清了蜀军面临的不利局面，再加上魏明帝曹叡的提醒，因此他并不急着和蜀军交战，而是在渭水岸边挖沟建垒，筑造防御工事，准备和诸葛亮打一场持久战。

一个要速战速决，另一个要打持久战，想成为这场战争的最终胜利者，就看谁能实现自己的战略决策。这种情况下，处于被动地位的当然是诸葛亮。因为司马懿久不出战，诸葛亮定会粮草枯竭，这时蜀军会不战而败。而要赢得胜利，就要诱使司马懿出战。可是，司马懿就是按兵不动，这可急坏了诸葛亮。

然而，再狡猾的猎物，也斗不过好猎手。诸葛亮最终还是诱使司马懿出战，并取得了这场战争的胜利。诸葛亮究竟使了什么样的计谋，让司马懿这个老谋深算的人上当了呢？

诸葛亮知道司马懿了解蜀军远离后方、粮草供应困难这一弱点，也清楚司马懿是在等蜀军粮食供应断绝，最终困死或被迫撤退，然后乘机取胜。于是，诸葛亮就在粮草供给问题上做文章，想办法引诱司马懿领兵出战。

在诸葛亮看来，司马懿是抓住了蜀军粮草供应困难的弱点，要是佯装解决了这个问题，司马懿就会着急，必然放弃打持久战的想法。于是，诸葛亮采取了这样两个措施：一是分兵屯田，二是命令工匠制造木牛流马，长途运粮。分兵屯田，就是从军中分流一部分士兵和当地老百姓一起种植农作物，以此来弥补军粮不足，作出准备跟魏军打一场持久战的样子。

这一招果然奏效，看到这种情形，司马懿的大儿子司马师沉不住气了。他对司马懿说："现在蜀兵都忙着种田种地，看样子他们也想打持久战，这样下去，不知道什么时候才能结束这场战斗。不如快快和诸葛亮大战一场，决一胜负！"听到儿子的建议，司马懿说："陛下让我们坚守一段时日，不可轻动呀！"其实，司马懿看到诸葛亮并不像自己预料的那样——要速战速决，心里也十分着急。在分兵屯田的同时，诸葛亮命令工匠制造木牛流马，用此来长途运输粮食，据说木牛流马很好用，能将粮草从剑阁源源不断地运到祁山大营。

很快，司马懿就知道了木牛流马的事，在大惊的同时叹道："我之所以坚守不出，是因为料定他们的粮草不能供应上，所以坐等他们撤退，再将他们击溃。如今诸葛亮运用此法，毫无撤退之意，那么打持久战的策略还有什么意义呢？"

司马懿心里很清楚，要在持久战中胜出，就要破坏蜀军的屯粮计划和切断粮草补给。于是，司马懿决定想办法破坏诸葛亮的分兵屯田和木牛流马运粮。

其实，诸葛亮早已看清司马懿要破坏自己屯田、运粮、屯粮的计划，为了进一步引司马懿上钩，诸葛亮决定加大动作。他在大营周围的山上搭窝铺草，营造出蜀兵分散驻扎，和百姓一起种田屯粮的景象。为了将大营空虚的假象暴露给魏军，他还派兵在军营外竖起高大的木栅，在军营内挖深坑、堆干柴加强防备。另外，他在两边的山坡上虚设很多屯粮草屋，其实内设伏兵；还让军士驱动木牛流马，佯装在魏军眼皮底下运送军粮。诸葛亮自己则离开大营，带领一支队伍在另一个地方安营扎寨。诸葛亮所有的安排，就是在引诱司马懿率领精兵来烧粮。

正如诸葛亮预料的那样，司马懿就想利用蜀军忙于屯田、运粮，大营空虚之机，突袭蜀军大营，小则烧毁蜀军囤积的粮草，大则一举击败蜀军。但是，谨小慎微的司马懿虽然烧粮心切，但他又害怕自己所看到的一切就是诸葛亮使的调虎离山之计。

司马懿看到，蜀军囤积粮草的地方在祁山大营的上方谷，二者相距有一定的距离。于是，一个自以为十分完备的烧粮计划在他心中形成了。

这天，司马懿决定亲自率领魏军去劫蜀军祁山大营。

这次，司马懿一改往常每战必让主攻部队在前的做法，让手下的部将带领部分魏军直扑蜀营，自己在后接应。司马懿之所以这么做，是醉翁之意不在酒。其实，司马懿让手下的部将做主攻，一是怕中了蜀军的埋伏；二是为了调动蜀军各营主力，甚至迫使诸葛亮领军前来营救。他让手下的部将缠住蜀军主力，自己则佯攻蜀军的祁山大营，真正的意图是亲自率领精兵袭击上方谷，烧毁蜀军的粮草。

可是，司马懿的如意算盘并没有逃过诸葛亮的眼睛，诸葛亮料到司马懿会用这一招。

就在司马懿率军让手下直扑蜀军大营的时候，诸葛亮让蜀军四处奔走呐喊，装出各路兵马都来援救的假象。看到蜀军集中兵力保护祁山大营，司马懿大喜，率领司马师、司马昭及一支亲兵直取上方谷的蜀军"粮库"。

殊不知，诸葛亮早有防备，他暗地里派一支精兵去攻打渭水南岸的魏营，而自己在上方山谷等待司马懿来"烧粮"。

诸葛亮让大将魏延去阻击司马懿，要求只准败不许胜，把司马懿的军队引入上方谷就可以了。司马懿求胜心切，一直追击魏延到上方谷中。

司马懿等人一进谷中，就听见一声巨响，埋伏在山上的蜀兵投下无数的木头、石块堵塞了谷口。接着，蜀军万箭齐发，丢下无数根火把引燃了谷内的干柴。刹那间，魏军全都置身于火海之中。司马懿叹道："没想到我们父子要死在这里了！"就在司马懿绝望的时候，忽然狂风大作，天空突降大雨，浇灭了熊熊的烈火。司马懿带兵奋力冲杀，突破重围，大败而归。老谋深算的司马懿，本想坚守不出兵打持久战，结果却中了诸葛亮的"调虎离山"之计；想用"调虎离山"之计烧掉蜀军的粮草，却中了诸葛亮的"诱敌深入"之计，最终只得铩羽而归。

谋略感悟

古人用计之高明，也实在让人惊叹。但无论是调虎离山，还是诱敌深入，其成功运用的关键是知道对方是怎么想的。诸葛亮正是摸清了司马懿的内心想法，才使得自己在这场博弈中取得胜利。

周亚夫严明军纪——忠于职守，威信自立

汉文帝时期，有一年匈奴大举进犯汉朝内地。汉文帝为了抵御匈奴，便在霸上、棘门、细柳三个地方设军驻防。其中，细柳营的统帅乃是名将绛侯周勃的次子周亚夫，他的武识韬略更在其父之上，在七国之乱中，他统率汉军，三个月便平定了叛军。

有一天，汉文帝亲自前往三营犒劳军士。在视察霸上、棘门这两个营地的时候，汉文帝的车队进出十分自由，而这两个营地的将士也都列队毕恭毕敬地迎送汉文帝。对此，汉文帝感到十分高兴，他给予将士们一番勉励之后，便驱车前往细柳营。岂料，天子车队的先驱到了细柳营之后，非但没有被恭敬地迎进去，反而被阻挡在门外。先行官以为守门军士不认识天子的仪仗，于是，十分得意地亮出汉文帝的招牌，高声喊道："天子将至。"他原本以为这么说，守门将士便会对他恭敬起来。岂料，守门将士依然面不改色，厉声说道："周将军有令，军中只闻将军号令，不奉天子之诏。"依然不打开营门。

过了一会儿，汉文帝到了，他了解了事情的前因后果之后并没有勃然大怒，只是纳闷为何在细柳所遇和在霸上、棘门两营所遇不同，同时命使者持天子符节，告谕周亚夫说："我想入营劳军。"周亚夫这才传令打开军门，让汉文帝等人进入。

汉文帝心中感到疑惑，想要早点儿见到周亚夫弄个明白，于是传令车队快速前行。这时候，军士又禀告说："周将军有令，军营中除非发生紧急事故，否则一律不准纵马驰行。"汉文帝听到此言更感惊讶，心想周亚夫营中为何那么多规矩，同时，吩咐从属军骑依照军令缓慢前行。在车队缓缓行进的途中，汉文帝仔细观察四周，只见将士们个个身披盔甲、手持兵刃，时刻处于准备战斗的状态；执弓之士更是将箭搭在弦上，以便随时能够发射。每个人都坚守岗位，并没有因为天子的到来而擅离职守，这种景象与之前霸上、

棘门两营所见的列队欢迎的景象迥然不同。

汉文帝看到如此威严壮观的景象，心中不免觉得震惊，同时，他也忘记了自己乃是君临天下的皇帝，而变得像细柳营中的将士一样，十分谨慎地服从军令，不敢有丝毫违背。

到了帅帐之后，周亚夫手持兵器，向汉文帝作揖道："甲胄之士不拜，请以军礼相见。"汉文帝对此感到十分意外，顿时动容，立刻站起身来，在车上依礼回拜，然后再命人称谢敬劳。礼成之后，汉文帝离去，出了军门时，他才终于松了一口气，不由得赞叹说："似周亚夫这般，才叫作威风凛凛、能够独当一面的将军啊！之前巡视的霸上、棘门两营，若是真正上了战场，只有被俘虏的份儿。像周亚夫将军的部队，谁可以冒犯呢？"

一个月后，汉军击退了匈奴，霸上、棘门、细柳三地的驻军也都被裁撤，但是，汉文帝对卓越的将才周亚夫念念不忘，即刻升了他的官职。汉文帝临死之前，还特别嘱咐太子："一旦国家陷入危难之中，就任命条侯周亚夫为将，他一定能够匡扶社稷，为国家抚平乱事。"

> **谋略感悟**
>
> 身为一代名将，周亚夫深深地明白，要想在军营中树立威信，就必须不畏权势，恪于职守。因此，面对皇帝，他依然不改变他的军令，治军严谨，这不但没有使皇帝感到反感，反而赢得皇帝的信赖和军士们的敬畏。

胡服骑射

赵武灵王（约前 340～前 295），名雍，战国时期赵国国君，历史上杰出的政治家、军事家、军事改革家。赵武灵王所推行的"胡服骑射"政策，对于当时赵国乃至以后中国社会的发展都产生了积极的影响。

赵武灵王是个有胆有识、目光长远的君主。当时七国鼎立，趁着秦国正与楚国为敌的时候，赵武灵王开始在赵国国内实施改革，并立志作出一番成绩来。

赵武灵王实施改革的第一项，就是服装改革。当时，东有齐国、楚国、中山；北有燕国、东胡；西有秦国、韩国、楼烦。多国鼎立，形势紧张，如果不勤加练兵、实施改革，随时会被别的国家吞灭。而当时赵国人的衣服宽衣博带，做事、打仗都十分碍事，不如胡人（北方的少数民族）短衣窄袖来得方便、灵活。

于是，他找来老臣楼缓，将他想要按照胡人风俗，对服装作一番改革的事说了一遍，希望得到楼缓的支持。

楼缓听后十分赞成，并说："如果我们改穿胡人的服饰，那不是也能学习他们骑马射箭的本领了？"

改革的风声不胫而走，很多守旧的大臣立即出来反驳，他们认为穿胡人的服饰是对赵国的一种羞辱。反对的声音很多，无奈之下，赵武灵王又找来另一大臣肥义商议，肥义道："成大事者不拘小节，既然您认为是对的，且对赵国有利，就放手去做，别怕别人的讥笑和反对。"

得到肥义的肯定，赵武灵王十分高兴地说："我看啊，那些反对我的人都是笨蛋！"

第二天，赵武灵王穿着胡人的服饰上朝。大臣们一看大王穿了短衣窄袖的胡服，都大吃一惊。他在朝廷上极力解说短衣窄袖的好处，大臣们均不为所动，甚至感觉这样不伦不类很丢人。赵武灵王发现，他的叔叔公子成（朝中很有威望的老臣）不在朝上。这才知道，原来公子成听说他要改革服饰，干脆称病不上朝。

为了顺利实施服装改革，赵武灵王决定先从叔叔公子成着手。公子成年事已高，思想顽固守旧，可不是个轻易能改变的主。于是，赵武灵王带着胡服，借口探病，亲自登门看望叔叔，反复对公子成讲述穿着胡服、骑马射箭的好处。公子成最终被他说服，赵武灵王当即将带来的胡服赏赐给公子成。

第三天，公子成穿着胡服上朝，众大臣见德高望重的公子成都穿着胡服，自然也就不再反对。见时机成熟，赵武灵王立即颁布诏令：即日起，赵国人不分贫富、不分地位均穿着胡服。很多人刚开始觉得不习惯，但时间一长，就发现胡服的好处了。

服饰改革成功，赵武灵王立即着手练兵。一年内，就训练出了一支善于骑射的骑兵队伍。公元前305年，赵武灵王率兵破了中山，将东胡和邻近的几个部落全部收入赵国的囊中。到了改革的第七年，赵国已夺取了中山、林胡、楼烦等国多座城池，土地得到扩充，势力亦日渐庞大。

谋略感悟

赵武灵王能够打破陈规，成功地开展"胡服骑射"改革，关键在于作为领导者的赵武灵王具有坚定不移的改革决心，同时，能够针对当时的实际情况"对症下药"，结果自然是"药到病除"。